Motivos Del Código Penal Del Estado De Morelos...

Morelos (Mexico)

MOTIVOS

DEL

CODIGO PENAL

del Estado de Morelos

POR

el Lic. Cecilio A. Robelo,

Juez de primera instancia del Distrito
de Cuernavaca.

CUERNAVACA.

IMPRENTA DEL GOBIERNO DEL ESTADO DE MORELOS

DIRIGIDA POR LUIS G. MIRANDA.

1879

MOTIVOS

DEL

CODIGO PENAL

del Estado de Morelos

POR

el Lic. Cecilio A. Robelo,

*Juez de primera instancia del Distrito
de Cuernavaca.*

CUERNAVACA.

IMPRENTA DEL GOBIERNO DEL ESTADO DE MORELOS
DIRIGIDA POR LUIS G. MIRANDA.

1879

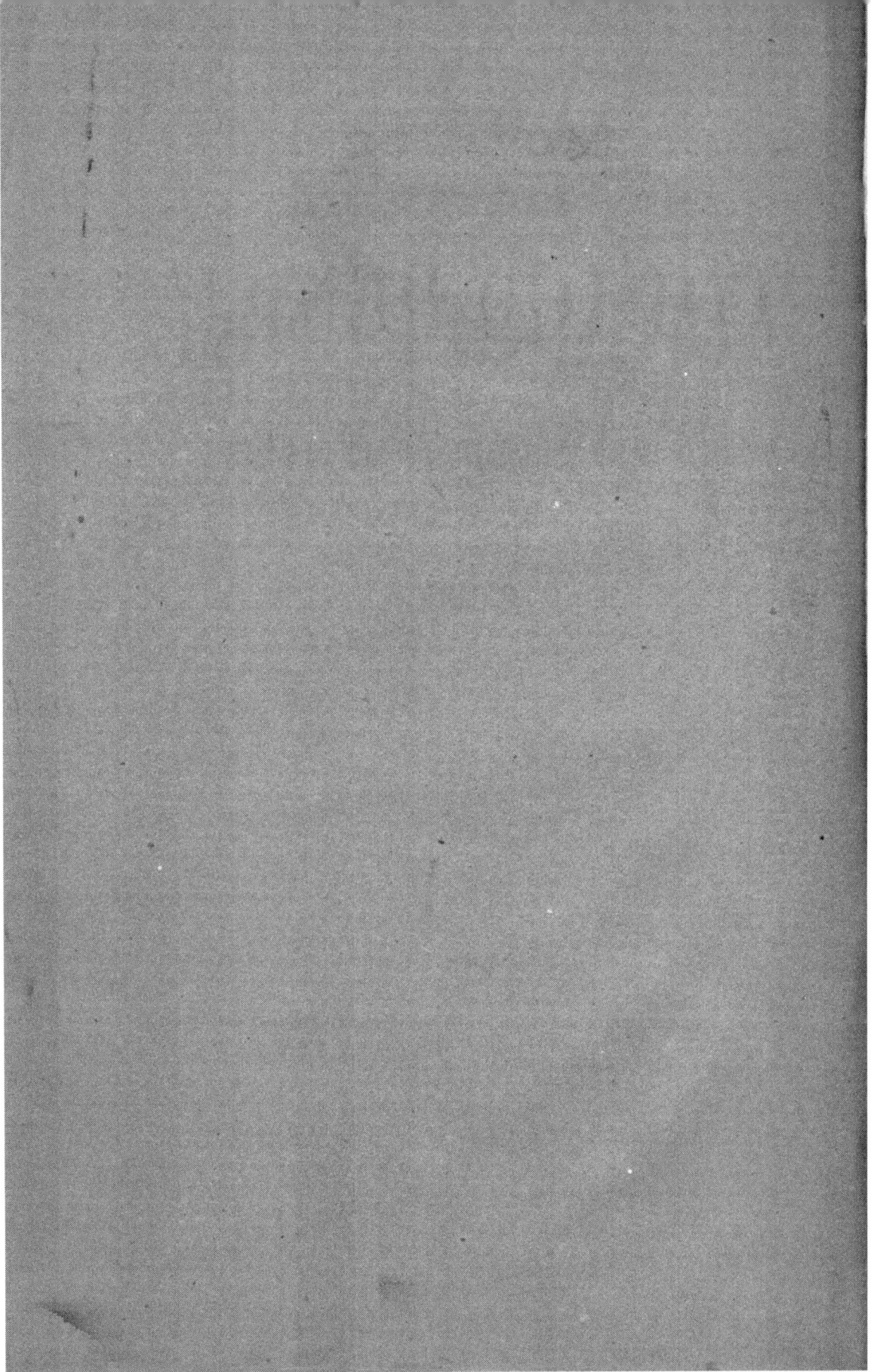

MOTIVOS

DEL

CODIGO PENAL

del Estado de Morelos

POR

el Lic. Cecilio A. Robelo,

Juez de primera instancia del Distrito de Cuernavaca.

CUERNAVACA.

IMPRENTA DEL GOBIERNO DEL ESTADO DE MORELOS
DIRIGIDA POR LUIS G. MIRANDA.
1879

MAY 22 1924

Secretaría del Gobierno del Estado de Morelos.—
Seccion de Justicia.—Núm. 307.—El C. Gobernador
constitucional, atendiendo á la urgente necesidad de
que el Estado tenga en materia penal sus leyes propias, y teniendo en consideracion la ilustracion y pa-
triotismo de vdes. se ha servido nombrarlos para que
formen y presenten á este Gobierno el proyecto del
Código Penal del Estado, á cuyo fin y para los usos
que la comision estime convenientes, remito á la misma un ejemplar del Código Penal del Estado de México, y otro del que rige en el Estado de Guanajuato,
únicos que existen en el archivo de esta Secretaría.

Lo que tengo el honor de decir á vdes. por acuerdo
del C. Gobernador, suplicándoles se sirvan aceptar este
encargo.

Libertad en la Constitucion, Cuernavaca, Mayo 29
de 1877.—*Nicolás Medina*, Secretario.—CC. Lics.
Cecilio A. Robelo y Clemente Castillo.—Presentes.

Mayo 31 de 1877.—Hé recibido la muy atenta comunicacion de vd. fecha 29 del pasado, en que se sirve manifestarme: que el C. Gobernador constitucional, atendiendo á la urgente necesidad de que el Estado tenga en materia penal sus leyes propias, ha tenido á bien nombrarme para que, asociado con el C. Lic. Clemente Castillo, forme y presente á ese Gobierno el proyecto del Código Penal del Estado; á cuyo efecto remite vd. á la comision un ejemplar del Código Penal del Estado de México, y otro del que rige en el Estado de Guanajuato, únicos que existen en el archivo de esa Secretaría.

En contestacion, tengo el honor de decir á vd. que acepto con gusto la honrosa comision que inmerecidamente ha tenido á bien conferirme el C. Gobernador, y aunque mis esfuerzos para desempeñarla cumplidamente serán tan débiles cuanto grandes son mis deseos, procuraré, empero, contribuir de alguna manera á realizar el loable propósito del C. Gobernador.

Libertad en la Constitucion. Cuernavaca, Junio 1º de 1877.—*Cecilio A. Robelo.*—C. Secretario general del Superior Gobierno del Estado.—Presente.

Secretaría del Gobierno del Estado de Morelos.—Seccion de Justicia.—Número 507.—Próxima ya la apertura del nuevo período de sesiones del H. Congreso del Estado, en cuyo acto desea presentar este Gobierno la iniciativa y proyecto de Código Penal, de cuya formacion se han servido vdes. encargarse aceptando el nombramiento respectivo, el C. Gobernador ha tenido á bien acordar recomiende á esa comision que

- 5 -

informe sobre el estado de sus trabajos, y la excite para que se terminen oportunamente.

Libertad en la Constitucion. Cuernavaca, Agosto 11 de 1877.—*Nicolás Medina*, secretario.—CC. Lics. Cecilio A. Robelo y Clemente Castillo.—Presentes.

Hemos recibido la comunicacion de vd. núm. 507 de la seccion de Justicia, en la que se sirve vd. manifestarnos, que el C. Gobernador, deseando presentar en el nuevo período de sesiones de la Legislatura del Estado el proyecto de Código Penal, de cuya formacion se sirvió vd. encargarnos, ha tenido á bien acordar se nos pida informe sobre el estado de nuestros trabajos, y se nos excite para que se termine oportunamente.

En respuesta, y para que se sirva vd. dar cuenta con ella al C. Gobernador, tenemos el honor de informar á vd., que desde que aceptamos el honroso encargo de la formacion del Código Penal, nos propusimos terminar este trabajo en los primeros dias del próximo Setiembre, á fin de poderlo presentar al C. Gobernador, en la apertura del período de sesiones de la H. Legislatura. Cumpliendo con este propósito, y conciliando nuestros trabajos con los muy laboriosos del Juzgado de 1ª instancia de este Distrito que desempeña uno de los infrascritos, hemos llegado á formar ochocientos y tantos artículos, de los mil que formarán el Código; así es que nos lisonjeamos de que se realizarán nuestro propósito y el deseo del C. Gobernador de que el proyecto será presentado en el mes de Setiembre al H. Congreso del Estado.

Libertad en la Constitucion. Cuernavaca, Agosto 13 de 1877.—*Cecilio A. Robelo.*—*Clemente Castillo.*— C. Secretario general del Superior Gobierno del Estado.—Presente.

———

Los infrascritos, nombrados en comision por el Superior Gobierno del Estado para formar el proyecto de Código Penal del mismo, tenemos el honor y la grata satisfaccion de remitir á vd. el expresado proyecto para que se sirva dar cuenta con él al C. Gobernador.

Bien hubiéramos querido acompañar la exposicion de motivos que hemos tenido presentes para la formacion del proyecto, pero la estrechez del tiempo de que hemos podido disponer nos ha impedido absolutamente el presentar ese trabajo, y creemos poderlo verificar miéntras se prepara en la Legislatura la discusion del proyecto. Por ahora nos limitamos á manifestar, que la base principal de nuestro estudio ha sido el Código Penal del Distrito federal, adoptando en lo general el método empleado en dicho Código, y los principios generales que constituyen su fundamento.

Las modificaciones, adiciones y supresiones que la comison ha hecho al Código referido para formar el proyecto, que hoy tiene el honor de presentar, han sido las señaladas por célebres abogados que han hecho el juicio crítico del Código del Distrito; las que se registran en los Códigos de los Estados, muy particularmente el de México y el de Guanajuato; y las que nos ha podido sugerir nuestra humilde práctica en el desempeño de la judicatura. Además, la comision, al hacer todas estas reformas no ha perdido de vista, ni las exigencias de la Constitucion particular del Estado, ni las limitaciones que á ésta le impone la jurisdiccion federal.

Libertad en la Constitucion. Cuernavaca, Setiembre 15 de 1877.—*Cecilio A. Robelo.—Clemente Castillo.*—C. Secretario general del Superior Gobierno del Estado.—Presente.

———

Secretaría del Gobierno del Estado de Morelos.—Seccion de Justicia.—Número 585.—Con la atenta comunicacion de vdes. de 15 del que cursa, se recibió el proyecto de Código Penal, cuya formacion les fué encomendada; y el C. Gobernador dispone diga á vdes.: que les da las más expresivas gracias por el empeño y eficacia que tomaron en la formacion del mencionado proyecto, y que espera la exposicion de los motivos que han tenido presentes en el referido trabajo que impendieron, y de que hacen mérito en su citada nota.

Lo que tengo la honra de decir á vdes. para su conocimiento.

Libertad en la Constitucion. Cuernavaca, Setiembre 30 de 1877.—*Nicolás Medina,* secretario.—CC. Lics. Cecilio A. Robelo y Clemente Castillo.—Presentes.

———

Comision del Código Penal.—C. Secretario de Gobierno.—Proponiéndose el Gobernador del Estado subvenir á la urgente necesidad de que los encargados de administrar la justicia tuviesen un guía seguro que los alejase de la senda inestricable de la antigua legislacion española, nombró en 29 de Mayo último una comision,

que tuvimos la honra de formar los infrascritos, á fin
de que formara un proyecto de Código Penal. La comision se dedicó asíduamente á desempeñar su cargo
tomando por base el Código del Distrito federal, y teniendo á la vista los de los Estados de México, Guanajuato y Veracruz, únicos de que pudo disponer, y con-
cluyó sus trabajos el 15 de Setiembre último, habiendo
tenido la satisfaccion de elevarlos á esa Secretaría, para que se sirviese ponerlos en manos del Gobernador
del Estado.—Desde entónces ofreció la comision remitir oportunamente la exposicion de los motivos que tu-
viera presentes para la formacion del proyecto, esto es,
la explicacion de las adiciones, reformas y supresiones
que habia hecho al Código Penal del Distrito federal
que, como ya dijimos, le sirvió de base de sus trabajos. Hoy, cumpliendo con ese ofrecimiento, tenemos
la honra de presentar dicha exposicion omitiendo la
de las disposiciones que se han dejado intactas y las
del método que se ha empleado en la obra, porque sobre ambos puntos existe la muy luminosa, trabajada
por el insigne abogado D. Antonio Martínez de Cas-
tro, autor principal del Código del Distrito, y que co-
rre á guisa de prólogo en los ejemplares de tal obra.

Para que se perciba con claridad el cuerpo de doc-
trina que contiene el proyecto, la comision ha divi-
dido la exposicion en dos partes ó secciones: la 1ª contiene las concordancias del proyecto con los Códigos
del Distrito federal, del Estado de Guanajuato y del
Estado de México; las reformas que se han hecho á
los artículos tomados de dichos Códigos; y, finalmente,
las adiciones hechas por la comision, en las que ha si-

do muy parca por el temor que le inspira su insufi-
ciencia. La 2ª parte comprende las supresiones que
se han hecho al Código del Distrito, que es el que se
ha adaptado en su conjunto á la legislacion y costumbres del Estado.

Libertad en la Constitucion. Cuernavaca, Noviem-
bre 29 de 1877.—*Cecilio A. Robelo.*

———

Secretaría del Gobierno del Estado de Morelos.—
Seccion de Gobernacion y Justicia.—Número 694.—
Dí cuenta al Gobernador del Estado con el proyecto
de Código Penal que se sirvió remitir la comision de
que fué vd. digno miembro, é impuesto con satisfaccion
de tan importante trabajo, se ha servido acordar dé á
la misma, como tengo el honor de hacerlo, las más expresivas gracias á su nombre y del Estado, y á vd. es-
pecialmente por la parte expositiva del proyecto.

Se mandó en el acto al Congreso dicho trabajo como iniciativa de este Gobierno, para la expedicion de
la respectiva ley.

Con este motivo me es grato protestar á vd. mi apre-
cio y consideracion.

Libertad en la Constitucion. Cuernavaca, Noviem-
bre 30 de 1877.—*Nicolás Medina*, Secretario.—C. Lic.
Cecilio A. Robelo.—Presente.

CONCORDANCIAS,

Art. 1º Es el 1º del Código del Distrito federal, sustituídas las palabras «Distrito federal y Territorio de la Baja–California» con «Estado.»

Art. 2º Es la primera parte del 2º del Código del Distrito, con la sustitucion del artículo anterior. Se suprimió la segunda parte, porque la prevencion que contiene solo puede dictarla el Congreso de la Union.

Art. 3º Fué redactado por la comision, suprimiendo el 3º del Código del Distrito que previene que los delitos no comprendidos en él se castiguen con la pena que tengan señalada en otra ley. La comision establece en el art. 3º de su proyecto, que los delitos no comprendidos en él no se considerarán como tales y no se les aplicará pena alguna. Como los delitos no comprendidos en los códigos modernos, como el suicidio, la mancebía y varios otros, se encuentran señalados en las antiguas leyes de España; adoptando el art. 3º del Código del Distrito, los jueces tendrian que aplicar tales leyes, y como éstas infligen penas inadecuadas que han caído en desuso, se abriría un ancho campo al caprichoso arbitrio judicial, que tantos males ha causado á la sociedad. Ademàs, el carácter de nuestras costumbres, el transcurso de los siglos y la índole de nuestras instituciones han cambiado el modo de juzgar las acciones humanas, y muchas que llevaban el

sello de delitos, se consideran hoy como actos indife-
rentes ó como pecados, cuyo juicio está reservado á la
conciencia y no caen bajo el dominio de los tribunales
de los hombres.

Art. 4º Es el 12º del Código de Guanajuato.

    " 5º   " 13º "   "   "   "

Art. 6º Es el 14º del Código de Guanajuato; y la
comision agregó las palabras—"ó que la ley exija la
intencion dolosa para que haya delito"— tomándolas
del artículo 9º del Código del Distrito.

Art. 7º Es el 6º del Código del Distrito.

"	8º	"	7º	"	"	"	"
"	9º	"	8º	"	"	"	"
"	10	"	10	"	"	"	"
"	11	"	11	"	"	"	"
"	12	"	12	"	"	"	"
"	13	"	13	"	"	"	"
"	14	"	14	"	"	"	"
"	15	"	15	"	"	"	"
"	16	"	16	"	"	"	"
"	17	"	17	"	"	"	"
"	18	"	18	"	"	"	"
"	19	"	19	"	"	"	"
"	20	"	20	"	"	"	"
"	21	"	21	"	"	"	"
"	22	"	22	"	"	"	"
"	23	"	17	"	"	de Guanajuato.
"	24	"	25	"	"	del Distrito.
"	25	"	26	"	"	"	"
"	26	"	18	"	"	de Guanajuato,
"	27	"	27	"	"	del Distrito.

Art. 28. Es el 28 del Código del Distrito.

"	29	"	29	"	"	"	"
"	30	"	30	"	"	"	"
"	31	"	31	"	"	"	"
"	32	"	32	"	"	"	"
"	33	"	33	"	"	"	"
"	34	"	34	"	"	"	"
"	35	"	35	"	"	"	"
"	36	"	36	"	"	"	"
"	37	"	37	"	"	"	"
"	38	"	38	"	"	"	"

Art. 39. Es el 39 del Código del Distrito. La comision consultó la supresion de la fraccion 1ª porque su subsistencia pone à los jueces en la obligacion de averiguar en todos los procesos la conducta del reo, y estas diligencias prolongan la sustanciacion de los juicios, y en muchos casos es perjudicial á los acusados, porque no se pueden sentenciar las causas miéntras no se practica esta diligencia, y hay otros, particularmente en los procesos verbales, en que el aplazamiento de la sentencia por esta circunstancia, impide la excarcelacion de los reos. Para compensar la desventaja que pudieran experimentar los delincuentes con esta supresion, consultó tambien la comision que se suprimiese la circunstancia agravante de haber tenido el reo mala conducta anterior. No obstante estas razones la Legislatura al discutir el proyecto dejó subsistente la fraccion 1ª

Art. 40. Es el 40 del Código del Distrito, suprimiendo la fraccion 3ª que trae como circunstancia atenuante el temor reverencial en los delitos leves. Es tan lata y por lo mismo tan vaga la significacion del temor reverencial, que los jueces se verian expuestos á cada paso ó á no poder determinar su verdadera inteligencia ó á ensanchar la aplicacion de esta circunstancia á casos·no previstos por el legislador; y para evitar ambos extremos la comision ha juzgado mas conveniente con‑sultar su supresion.

Art. 41. Es el 41 del Código del Distrito.

" 42. " 42 " " " "

Art. 43. Es el 43 del Código del Distrito, con la diferencia de que el informe á que éste se refiere se remitirá á la Legislatura y no al Gobierno; porque la facultad de indultar está cometida al Congreso y no al Ejecutivo.

Art. 44. Es el 44 del Código del Distrito, suprimidas la parte segunda de la fraccion 6ª y la segunda parte de la fraccion 11ª Consultó la comision esta supresion para no dar lugar al abuso del arbitrio judicial.

Art. 45. Es el 45 del Código del Distrito. En este artículo se suprimió la fraccion 8ª por la oscuridad que presentan sus conceptos.

Art. 46. Es el 46 del Código del Distrito.

Art. 47. Es el 47 del Código del Distrito, suprimidas las fracciones 5ª y 11ª La primera de estas fracciones califica de circunstancia agravante el causar un mal grave que no sea necesario para la consumacion del delito.

La comision cree que el mal grave que se cause deliberadamente al cometer un delito, debe reputarse delito tambien, y castigarse segun su naturaleza, observando las reglas de acumulacion; y por lo mismo no debe considerarse como simple agravante del delito principal.

La fraccion 11ª pone como circunstancia agravante la violacion de inmunidad de persona y de lugar. Como en el Estado no hay personas ni lugares inmunes, es inútil la enumeracion de esta circunstancia.

Art. 48. Es el 48 del Código del Distrito.

" 49. " 49 "   "   "   "
" 50. " 50 "   "   "   "
" 51. " 51 "   "   "   "
" 52. " 52 "   "   "   "
" 53. " 53 "   "   "   "
" 54. " 54 "   "   "   "
" 55. " 55 "   "   "   "

Art. 56. Es el 56 del Código del Distrito, reformada la fraccion 3ª que exige para que se tenga por encubridor al que oculta á un delincuente, que tenga costumbre de hacerlo. La comision suprime esta circunstancia, porque sería muy difícil hacerla constar en los procesos, y además porque la simple ocultacion de un delincuente, á sabiendas de que lo es, dificulta su castigo y este hecho se reputa como delito de culpa en la fraccion 2ª del artículo 11º

Art. 57. Es el 57 del Código del Distrito.

" 58. " 58 "   "   "   "
" 59. " 59 "   "   "   "

Art. 60. Es el 60 del Código del Distrito, cambiada su redaccion y reformado con la limitacion de que no se reputarán penas—en el sentido moral—las que sufra un acusado durante la instruccion del proceso. Esta determinacion del carácter de la pena, tiene el doble objeto de que los inocentes que se ven envueltos en un proceso del que salen absueltos, no sufran en su reputacion; y el de que á los que se declaren culpables, se les computen siempre, físicamente, al tiempo de la imposicion de la pena, las que hayan sufrido durante la sustanciacion del juicio; cuyo concepto ha consignado la comision en el artículo siguiente.

Art. 61. Es el 33 del Código de Guanajuato. Véase el artículo anterior.

Art. 62. Es el 34 del Código de Guanajuato.

"	63.	"	63	"	"	"	del Distrito.
"	64.	"	66	"	"	"	"
"	65.	"	67	"	"	"	"
"	66.	"	68	"	"	"	"
"	67.	"	69	"	"	"	"
"	68.	"	70	"	"	"	"

Art. 69. Es el 36 del Código de Guanajuato, suprimidas las fracciones 20, 23 y 24, porque las penas á que se refieren se han puesto como medidas preventivas, siguiendo el método del Código del Distrito.

Art. 70. Es el 94 del Código del Distrito, suprimidas las fracciones 1ª y 2ª, porque en el Estado no hay los establecimientos á que ellas se refieren.

Art. 71. Es el 143 del Código del Distrito.

Art. 72. Es 144 del Código del Distrito, y la excepcion que en él se hace de la pena de muerte en favor de las mujeres y de los varones de 70 años, la hace extensiva la comision á los menores de 17 años, imitando el ejemplo de muchos Códigos penales.

Art. 73. Es el 37 del Código de Guanajuato. En este artículo se previene que la pena de muerte se ejecutará de dia y con publicidad; á diferencia del Código del Distrito que manda que las ejecuciones se hagan en el interior de las cárceles. Como la disposicion del Código del Distrito le quita á la pena de muerte el carácter de ejemplar, que es uno de los principales fines de esta pena, la comision no vaciló en adoptar el artículo del Código de Guanajuato.

Art. 74. Fué redactado por la comision.

Art. 75.   "   "   "   "

Art. 76. Es el 42 del Código de Guanajuato.

Art. 77. Es el 138 del Código del Distrito.

Art. 78. Es el 43 del Código de Guanajuato.

Art. 79. Fué redactado por la comision.

Art. 80. Es el 124 del Código del Distrito.

"   81.   " 125 "   "   "   "

Art. 82. Es el 48 del Código de Guanajuato.

"   83.   "   49 "   "   "   "

"   84.   "   50 "   "   "   "

"   85.   "   51 "   "   "   "

Art. 86. Es el 150 del Código del Distrito.

Art. 87. Es el 52 del Código de Guanajuato.

Art. 88. Es el 53 del Código de Guanajuato, suprimida la parte final de la fraccion 5ª que se refiere al consejo de familia, cuya institucion no reconoce el proyecto.

Art. 89. Es el 54 del Código de Guanajuato.

Art. 90. Es el 55 del Código de Guanajuato, suprimida la fraccion 7ª porque se refiere á la adopcion, cuyo modo de prohijar no se encuentra en el Código Civil vigente en el Estado.

Art. 91. Es el 56 del Código de Guanajuato.

"   92   "   57 "   "   "   "

"   93   "   58 "   "   "   "

Art. 94. Es el 59 del Còdigo de Guanajuato.

Art. 95. Es el 153 del Código del Distrito.

Art. 96. Es el 60 del Código de Guanajnato.

Art. 97. Es el 109 del Código del Distrito.

Art. 98. Es el 61 del Código de Guanajuato.

Art. 99. Es el 112 del Código del Distrito, poniendo como máximun de multa 500 pesos en lugar de 1,000.

Árt. 100. Es el 113 del Código del Distrito.

"	101	"	114	"	"	"	"
"	102	"	115	"	"	"	"
"	103	"	116	"	"	"	"
"	104	"	117	"	"	"	"
"	105	"	118	"	"	"	"
"	106	"	119	"	"	"	"
"	107	"	120	"	"	"	"
"	108	"	121	"	"	"	"
"	109	"	122	"	"	"	"

Art. 110. Fué redactado por la comision. En este artículo se aplica el importe de las multas al fomento de los hospitales de los respectivos Distritos, por ser estos establecimientos unos de los mas útiles de beneficencia pública, y porque los que existe en el Estado carecen de los fondos necesarios para su sostenimiento.

Art. 111. Es el 110 del Código del Distrito.

"	112	"	111	"	"	"	"
"	113	"	166	"	"	"	"
"	114	"	167	"	"	"	"
"	115	"	168	"	"	"	"
"	116	"	72	"	"	de Guanajuato.

Art. 117. Es el 170 del Código del Distrito.

"	118	"	174	"	"	"	"
"	119	"	175	"	"	"	"
"	120	"	176	"	"	"	"
"	121	"	177	"	"	"	"
"	122	"	178	"	"	"	"
"	123	"	179	"	"	"	"
"	124	"	180	"	"	"	"
"	125	"	181	"	"	"	"
"	126	"	182	"	"	"	"

Art. 127. Fué redactado por la comision, siguiendo el principio contenido en el artículo 185 del Código del Distrito, que se refiere à los delitos contínuos cometidos en el extranjero, y que se sigan cometiendo en la República.

Art. 128. Fué redactado por la comision con vista de lo prevenido en el artículo 191 del Código del Distrito.

Art. 129. Es el 195 del Código del Distrito.

"	130	"	196	"	"	"	"
"	131	"	197	"	"	"	"
"	132	"	198	"	"	"	"
"	133	"	199	"	"	"	"
"	134	"	200	"	"	"	"
"	135	"	201	"	"	"	"
"	136	"	202	"	"	"	"

Art. 137. Es el 203 del Código del Distrito, reduciendo en la fraccion 3ª á 500 pesos el máximun de 1,000 que señala dicho Código.

Art. 138. Es el 204 del Código del Distrito, adicionado con la fraccion 3ª ó final, en la cual se previene

que cuando no se pueda determinar cuál hubiera sido
el delito consumado, los jueces aplicarán la pena atendiendo à las circunstancias especiales que resulten del
proceso, sin que en ningun caso pueda exceder de cinco años de duracion. La comision ha preferido dejar al
prudente arbitrio de los jueces la imposicion de la pena
en los casos de delito indeterminado que seguir las reglas adoptadas para estos casos por el Código del Distrito. En el art. 205 de este Código se establece: que
para la aplicacion de penas en los casos de delito frustrado se observe lo dispuesto en el 196. En este artículo se establece que cuando un delito pueda ser con-
siderado bajo dos ó mas aspectos, y bajo cada uno de
ellos merezca una pena diversa, se impondrá la mayor.

Observando esta regla, resultaria que en el caso de
heridas frustradas debería suponerse que habian causado la muerte al ofendido, puesto que bajo este aspecto
merece el delito mayor pena, y entónces la pena del
homicidio seria la que serviria de base para aplicar los
dos quintos ò dos tercios de la pena á que se refiere la
fraccion 2ª del art. 204 del Código del Distrito, que
es el 138 del proyecto. Desde luego se advierte que esta
pena no solo es severa sino injusta é inícua, porque
seria de mejor condicion en muchos casos el reo de delito consumado que el del delito frustado, puesto que
al primero se le castiga con la pena que tiene señalada
todo delito determinado, mientras que al segundo se le
aplica la parte de una pena que corresponde al delito
mayor que se hubiera cometido. Por estas consideraciones y porque humanamente no es posible determinar el acto que se hubiera consumado en todos los de-

litos frustrados, la comision ha establecido dejar al prudente arbitrio de los jueces el castigo de los delitos
frustrados, con las limitaciones que se consignan en el
mismo artículo.

Art. 139. Es el 77 del Código de Guanajuato.

     "   140   "   206 "   "   del Distrito.

     "   141   "   207 "   "   "   "

     "   142   "   208 "   "   "   "

     "   143   "   209 "   "   "   "

     "   144   "   210 "   "   "   "

Art. 145. Fué redactado por la comision; estable-
ciendo que se repute por delito mayor el que merezca
mayor pena, á diferencia de lo que dispone el artículo
210 del Código del Distrito en su parte final, que deja
al arbitrio de los jueces calificar cuál sea el delito mayor en los casos de acumulacion. La comision no ha
podido comprender la razon de esta disposicion, siendo
así que hay un medio seguro de calificar la gravedad
de los delitos, cual es la mayor ó menor pena que me-
rezcan y que tengan señalada.

Art. 146. Es el 211 del Código del Distrito.

     "   147   "   212 "   "   "   "

     "   148   "   215 "   "   "   "

     "   149   "   216 "   "   "   "

     "   150   "   217 "   "   "   "

     "   151   "   218 "   "   "   "

     "   152   "   219 "   "   "   "

     "   153   "   220 "   "   "   "

Art. 154. Es el 221 del Código del Distrito; reduciendo en la fraccion 5ª la multa de 500 à 250 pesos.

Art. 155. Es el 222 del Código del Distrito.

Art. 156. Es el 223 del Código del Distrito.

Art. 157. Es el 224 del Código del Distrito, suprimiendo la parte relativa á reclusion en establecimiento de correccion penal, por carecer el Estado de establecimientos de este género; y refiriéndose á la pena que para los menores señala el artículo 79 del proyecto.

Art. 158. Es el 225 del Código del Distrito.

  ″ 159 ″ 226 ″ ″ ″ ″

  ″ 160 ″ 227 ″ ″ ″ ″

  ″ 161 ″ 228 ″ ″ ″ ″

  ″ 162 ″ 229 ″ ″ ″ ″

Art. 163. Es el 230 del Código del Distrito con una ligera reforma en la redaccion.

Art. 164. Es el 231 del Código del Distrito.

  ″ 165 ″ 232 ″ ″ ″ ″

  ″ 166 ″ 233 ″ ″ ″ ″

  ″ 167 ″ 234 ″ ″ ″ ″

  ″ 168 ″ 235 ″ ″ ″ ″

  ″ 169 ″ 236 ″ ″ ″ ″

  ″ 170 ″ 237 ″ ″ ″ ″

Art. 171. Es el 238 del Código del Distrito, incluyendo en la fraccion 1ª á los menores de 17 años, de acuerdo con lo establecido en el artículo 72 del proyecto.

Art. 172. Es el 239, sustituyendo en la fraccion 1ª la pena capital con la de quince años de prision, de conformidad con las prescripciones de la Constitucion del Estado sobre este punto.

Art. 173. Es el 240 del Código del Distrito, cometiendo al Poder Legislativo la facultad de reducir ó conmutar las penas, por ser él, segun la Constitucion del Estado, el que debe conceder los indultos.

Art. 174. Es el 241 del Código del Distrito, dando la facultad de conmutar las penas al Poder Legislativo.

Art. 175. Es el 242 del Código del Distrito, poniendo quince años de prision, de acuerdo con la Constitucion del Estado, en lugar de la extraordinaria de veinte años que trae la fraccion 1ª del artículo referido.

Art. 176. Es el 243 del Código del Distrito.

"	177	"	244	"	"	"	"
"	178	"	245	"	"	"	"
"	179	"	96	"	"	de Guanajuato.	
"	180	"	95	"	"	"	"
"	181	"	97	"	"	"	"
"	182	"	98	"	"	"	"
"	183	"	99	"	"	"	"
"	184	"	250	"	"	del Distrito.	
"	185	"	251	"	"	"	"
"	186	"	253	"	"	"	"
"	187	"	254	"	"	"	"
"	188	"	255	"	"	"	"
"	189	"	256	"	"	"	"
"	190	"	257	"	"	"	"

Art. 191. Fué redactado por la comision siguiendo el espíritu de los artículos 256 y 259 del Código del Distrito.

Art. 192. Es el 260 del Código del Distrito.

"	193	"	261	"	"	"	"
"	194	"	128	"	"	de Guanajuato.	
"	195	"	263	"	"	del Distrito.	
"	196	"	265	"	"	"	"
"	197	"	266	"	"	"	"

Art. 198. Es el 267 del Código del Distrito.

Art. 199. Es el 268 del Código del Distrito, reduciendo à diez años el término de doce que señala la fraccion 2ª de dicho artículo.

Art. 200. Es el 269 del Código del Distrito con aplicacion al Estado.

Art. 201. Es el 270 del Código del Distrito.

Art. 202. Es el 271 del Código del Distrito, habiendo agregado la comision, para disipar toda duda, las palabras siguientes: «comenzando por la del delito menor.»

Art. 203. Es el 272 del Código del Distrito.

"	204	" 273 "	"	"	"
"	205	" 274 "	"	"	"
"	206	" 275 "	"	"	"
"	207	" 276 "	"	"	"
"	208	" 278 "	"	"	"
"	209	" 279 "	"	"	"
"	210	" 280 "	"	"	"
"	211	" 281 "	"	"	"
"	212	" 282 "	"	"	"
"	213	" 283 "	"	"	"
"	214	" 284 "	"	"	"

Art. 215. Es el 285 del Código del Distrito, sustituyendo la prision extraordinaria con la de quince años, de conformidad con la Constitucion del Estado.

Art. 216. Fué redactado por la comision, teniendo á la vista el 286 del Código del Distrito.

Art. 217. Es el 287 del Código del Distrito, suprimiendo en la fraccion 1ª como títulos para alcanzar el indulto el haber prestado servicios importantes, y la conveniencia pública.

Art. 218. Es el 290 del Código del Distrito.

"	219	"	291	"	"	"	"
"	220	"	292	"	"	"	"
"	221	"	293	"	"	"	"
"	222	"	294	"	"	"	"
"	223	"	295	"	"	"	"
"	224	"	296	"	"	"	"
"	225	"	297	"	"	"	"
"	226	"	298	"	"	"	"
"	227	"	299	"	"	"	"
"	228	"	300	"	"	"	"
"	229	"	301	"	"	"	"
"	230	"	302	"	"	"	"
"	231	"	303	"	"	"	"
"	232	"	304	"	"	"	"
"	233	"	305	"	"	"	"
"	234	"	306	"	"	"	"

Art. 235. Es el 113 y el 114 del Código de Guanajuato.

Art. 236. Es el 105 del Código de Guanajuato.

Art. 237. Es el 308 del Código del Distrito.

"	238	"	309	"	"	"	"
"	239	"	310	"	"	"	"
"	240	"	311	"	"	"	"

Art. 241. Es el 312 del Código del Distrito, adicionado por la comision con las palabras: "pero el ofensor está obligado á reconocer y mantener la prole." Se hizo esta adicion de acuerdo con lo prescrito por el Código Civil en el art. 385 y porque no está consignada

la obligacion que envuelve, en los Códigos Penales que se han tenido á la vista; lo cual induce á los jueces á omitir en sus sentencias el punto importante del reconocimiento y mantencion de la prole en los casos de estupro ó violacion.

Art. 242. Es el 313 del Código del Distrito.

"	243	"	314	"	"	"	"
"	244	"	315	"	"	"	"
"	245	"	316	"	"	"	"
"	246	"	317	"	"	"	"
"	247	"	318	"	"	"	"
"	248	"	319	"	"	"	"
"	249	"	320	"	"	"	"
"	250	"	321	"	"	"	"
"	251	"	322	"	"	"	"
"	252	"	323	"	"	"	"
"	253	"	324	"	"	"	"
"	254	"	325	"	"	"	"
"	255	"	326	"	"	"	"
"	256	"	327	"	"	"	"
"	257	"	328	"	"	"	"
"	258	"	329	"	"	"	"
"	259	"	330	"	"	"	"

Art. 260. Es el 331 del Código del Distrito, habiéndose suprimido en la fraccion 2ª lo relativo á embarcaciones, por no haberlas en el Estado.

Art. 261. Es el 332 del Código del Distrito.

"	262	"	333	"	"	"	"
"	263	"	334	"	"	"	"
"	264	"	335	"	"	"	"
"	265	"	336	"	"	"	"

Art. 266. Es el 337 del Código del Distrito, suprimiendo la parte final que se refiere á los coches de al-
quiler urbanos, que no existen en el Estado.

Art. 267. Es el 338 del Código del Distrito.

"	268	"	339 "	"	"	"
"	269	"	340 "	"	"	"
"	270	"	341 "	"	"	"
"	271	"	342 "	"	"	"

Art. 272. Es el 343 del Código del Distrito, suprimida la parte final que faculta al perjudicado por un
animal á reténerlo y aun matarlo. Como esta comision
escitaría las pasiones entre el perjudicado y el dueño
del animal, la comision ha creido conveniente suprimir
tal facultad.

Art. 273. Es el 344 del Código del Distrito.

"	274	"	345 "	"	"	"
"	275	"	347 "	"	"	"
"	276	"	348 "	"	"	"
"	277	"	249 "	"	"	"
"	278	"	350 "	"	"	"

Art. 279. Fué redactado por la comision, adaptando el art. 351 del Código del Distrito á la organizacion
de los Tribunales del Estado.

Art. 280. Es el 352 del Código del Distrito.

"	281	"	353 "	"	"	"
"	282	"	354 "	"	"	"
"	283	"	255 "	"	"	"

Art. 284. Es el 356 del Código del Distrito, con la
supresion de lo relativo al fondo de reserva, por haberse suprimido esta materia en el lugar respectivo.

Art. 285. Es el 369 del Código del Distrito.

Art. 286. Es el 360 del Código del Distrito.

''	287	''	363	''	''	''	''
''	288	''	264	''	''	''	''
''	289	''	365	''	''	''	''
''	290	''	366	''	''	''	''
''	291	''	367	''	''	''	''
''	292	''	368	''	''	''	''
''	293	''	369	''	''	''	''
''	294	''	370	''	''	''	''
''	295	''	371	''	''	''	''
''	296	''	372	''	''	''	''
''	297	''	373	''	''	''	''
''	298	''	374	''	''	''	''
''	299	''	375	''	''	''	''
''	300	''	376	''	''	''	''
''	301	''	377	''	''	''	''
''	302	''	378	''	''	''	''
''	303	''	379	''	''	''	''
''	304	''	380	''	''	''	''
''	305	''	381	''	''	''	''
''	306	''	383	''	''	''	''

Art. 307. Es el 384 del Código del Distrito, suprimiendo en la fraccion 4ª lo relativo á robo cometido por los dueños ó dependientes de embarcaciónes.

Art. 308. Es el 385 del Código del Distrito.

''	309	''	386	''	''	''	''
''	310	''	387	''	''	''	''
''	311	''	388	''	''	''	''
''	312	''	389	''	''	''	''
''	313	''	890	''	''	''	''
''	314	''	391	''	''	''	''

Art. 315. Es el 392 del Código del Distrito.

" 316 " 393 " " " "
" 317 " 394 " " " "
" 318 " 395 " " " "
" 319 " 396 " " " "
" 320 " 397 " " " "
" 321 " 398 " " " "
" 322 " 399 " " " "
" 323 " 400 " " " "
" 324 " 401 " " " "
" 325 " 402 " " " "
" 326 " 403 " " " "

Art. 327. Es el 404 del Código del Distrito, reduciendo à ocho años los doce de prision que señala dicho artículo.

Art. 328. Es el 405 del Código del Distrito.

" 329 " 406 " " " "
" 330 " 407 " " " "
" 331 " 408 " " " "
" 332 " 409 " " " "

Art. 333. Es el 410 del Código del Distrito, suprimida la fraccion 3ª por referirse á abusos cometidos por un correo, lo cual es de la jurisdiccion federal.

Art. 334. Es el 411 del Código del Distrito.

" 335 " 412 " " " "
" 336 " 413 " " " "
" 337 " 414 " " " "
" 338 " 415 " " " "
" 339 " 416 " " " "
" 340 " 417 " " " "
" 341 " 418 " " " "

Art. 342. Es el 419 del Código del Distrito, suprimiendo en la parte final del párrafo 2º lo relativo á la falsificacion de sellos, cuños, punzones, etc. por ser esta materia de la jurisdiccion federal.

Art. 343. Es el 420 del Código del Distrito, suprimida la parte final, que se refiere á los corredores, por no haberlos titulados en el Estado.

Art. 344. Es el 421 del Código del Distrito.

Art. 345. Es el 422 del Código del Distrito, suprimidas las fracciones 1ª y 3ª por referirse á delitos de la jurisdiccion federal.

Art. 346. Es el 423 del Código del Distrito.

"	347	"	424	"	"	"	"
"	348	"	425	"	"	"	"
"	349	"	426	"	"	"	"
"	350	"	427	"	"	"	"
"	351	"	428	"	"	"	"
"	352	"	429	"	"	"	"

Art. 353. Es el 430 del Código del Distrito, adicionado con las palabras siguientes: "De este artículo se fijará un ejemplar impreso en el lugar destinado para hacer las rayas." Esta adicion tiene por objeto hacer mas eficaz la prevencion del artículo.

Art. 354. Es el 431 del Código del Distrito.

Art. 355. Es el 432 del Código del Distrito, reduciendo á quinientos la multa de mil pesos.

Art.	356.	"	433	"	"	"	"
"	357	"	434	"	"	"	"
"	358	"	435	"	"	"	"
"	359	"	436	"	"	"	"
"	360	"	437	"	"	"	"

Art. 361.   "   438 "   "   "   "

   "   362   "   439 "   "   "   "

   "   363   "   440 "   "   "   "

   "   364   "   441 "   "   "   "

   "   365   "   442 "   "   "   "

   "   266   "   443 "   "   "   "

   "   367   "   444 "   "   "   "

   "   368   "   445 "   "   "   "

Art. 369. Es el 446 del Código del Distrito, reduciendo á quinientos el máximum de mil pesos de multa.

Art. 370. Es el 447 del Código del Distriro, reduciendo à quince años los veinte en que se conmuta la pena de muerte. V. el art. 215.

Art. 371. Es el 448 del Código del Distrito.

   "   372   "   449 "   "   "   "

   "   373   "   450 "   "   "   "

   "   374   "   451 "   "   "   "

   "   375   "   452 "   "   "   "

   "   376   "   453 "   "   "   "

   "   377   "   454 "   "   "   "

   "   378   "   455 "   "   "   "

   "   379   "   456 "   "   "   "

   "   380   "   457 "   "   "   "

   "   381   "   458 "   "   "   "

   "   382   "   459 "   "   "   "

   "   383   "   460 "   "   "   "

   "   384   "   461 "   "   "   "

   "   385   "   462 "   "   "   "

   "   386   "   463 "   "   "   "

Art. 387. Es el 464 del Còdigo del Distrito, suprimiendo en la fraccion 2ª la palabra "embarcacion."

Art. 388. Es el 465 del Código del Distrito.

» 389 » 466 » » » »

» 390 » 467 » » » »

Art. 391. Es el 468 del Código del Distrito, suprimiendo la palabra "embarcacion."

Art. 392. Es el 469 del Código del Distrito.

Art. 393. Fué redactado por la comision, sustituyendo el 470 del Código del Distrito por lo escesivo de la pena y por la vaguedad de la prevencion.

Art. 394. Es el 471 del Código del Distrito.

Art. 395. Es el 472 del Código del Distrito, reduciendo á ocho años de prision los diez que señala como máximum la fraccion 5ª

Art. 396. Es el 473 del Código del Distrito.

» 397 » 474 » » » »

» 398 » 475 » » » »

» 399 » 476 » » » »

» 400 » 477 » » » »

» 401 » 478 » » » »

Art. 402. Es el 479 del Código del Distrito, reduciendo à ocho años la pena de doce que él señala.

Art. 403. Es el 480 del Código del Distrito.

Art. 404. Es el 481 del Código del Distrito, reduciendo la pena de doce años á ocho, y agregando la circunstancia de que hayan corrido peligro de muerte los inundados.

Art. 405. Es el 482 del Código del Distrito, suprimiendo la palabra inicial por haber cambiado la pena en el artículo anterior.

Art. 406. Es el 483 del Código del Distrito.

» 407 » 484 » » » »

Art. 408. Es el 485 del Código del Distrito, suprimiendo la parte final y lo relativo à destruccion de wagones.

Art. 409. Es el 486 del Código del Distrito, suprimiendo únicamente las palabras ''en una embarcacion.''

Art. 410. Es el 487 del Código del Distrito.

''	411	''	488	''	''	''	''
''	412	''	489	''	''	''	''
''	413	''	490	''	''	''	''
''	414	''	491	''	''	''	''
''	415	''	492	''	''	''	''
''	416	''	493	''	''	''	''
''	417	''	494	''	''	''	''
''	418	''	497	''	''	''	''
''	419	''	498	''	''	''	''
''	420	''	499	''	''	''	''
''	421	''	500	''	''	''	''
''	422	''	501	''	''	''	''
''	423	''	502	''	''	''	''
''	424	''	503	''	''	''	''
''	425	''	504	''	''	''	''

Art. 426. Es la 1ª parte del 505 del Código del Distrito.

Art. 427. Es la 2ª parte del 505 del Código del Distrito

Art. 428. Es el 506 del Código del Distrito.

''	429	''	507	''	''	''	''
''	430	''	508	''	''	''	''
''	431	''	509	''	''	''	''
''	432	''	510	''	''	''	''
''	433	''	511	''	''	''	''

Art. 434. Es el 512 del Código del Distrito.

"	435	"	513	"	"	"	"
"	436	"	514	"	"	"	"
"	437	"	515	"	"	"	"
"	438	"	516	"	"	"	"
"	439	"	517	"	"	"	"
"	440	"	518	"	"	"	"
"	441	"	519	"	"	"	"
"	442	"	520	"	"	"	"
"	443	"	521	"	"	"	"
"	444	"	522	"	"	"	"
"	445	"	523	"	"	"	"
"	446	"	524	"	"	"	"
"	447	"	525	"	"	"	"
"	448	"	526	"	"	"	"
"	449	"	527	"	"	"	"

Art. 450. Es el 528 del Código del Distrito, reduciendo á un año la pena de dos que señala este artículo.

Art. 451. Es el 529 del Código del Distrito.

"	452	"	530	"	"	"	"

Art. 453. Fué redactado por la comision previniendo que las lesiones leves inferidas en ejercicio del derecho de castigar son punibles, cuya disposicion es contraria á la del artículo 531 del Código del Distrito. La comision adoptó la punicion de tales lesiones, contrariando el artículo referido; porque en su concepto el derecho de castigar no debe extenderse hasta el grado de que el que lo ejerce pueda impunemente inferir heridas; porque este derecho lo repugna el estado actual de la civilizacion, que ofrece otros medios coercitivos para la correccion de la juventud y de la niñez.

Art. 454. Es el 532 del Código del Distrito, reduciendo la pena de dos años á uno solo.

Art. 455. Es el 533 del Código del Distrito.

"	456	"	534	"	"	"	"
"	457	"	535	"	"	"	"
"	458	"	536	"	"	"	"
"	459	"	537	"	"	"	"
"	460	"	538	"	"	"	"
"	461	"	539	"	"	"	"
"	462	"	540	"	"	"	"
"	463	"	541	"	"	"	"
"	464	"	542	"	"	"	"
"	465	"	543	"	"	"	"
"	466	"	544	"	"	"	"
"	467	"	545	"	"	"	"
"	468	"	546	"	"	"	"
"	469	"	547	"	"	"	"
"	470	"	548	"	"	"	"
"	471	"	549	"	"	"	"
"	472	"	550	"	"	"	"
"	473	"	551	"	"	"	"

Art. 474. Es el 553 del Código del Distrito, reduciendo á diez los doce años de prision del artículo referido.

Art. 475. Es el 553 del Código del Distrito, reduciendo á ocho la pena de diez años que impone dicho artículo.

Art. 476. Es el 554 del Código del Distrito.

Art. 477. Abraza en su primera parte el 555 del Código del Distrito, y en la segunda el 556 del mismo Código.

Art. 478. Fué redactado por la comision en sustitucion del artículo 557 del Código del Distrito, porque
en él se establece que cuándo alguno causa involunta-
riamente la muerte de alguna persona á quien solamente se proponía inferir una lesion que no fuera mortal, se le impondrá la pena que corresponda al homicidio
simple, con arreglo á los seis artículos que le preceden,
aunque disminuida por la falta de intencion, la cual se
tendrá como circunstancia atenuante de cuarta clase.

Registrando los artículos del 551 al 556, que son
los seis que preceden, para determinar cuál es aquel
con arreglo al cuál debe castigarse al que se propuso
herir solamente y causó la muerte, se encuentra que
los artículos 554, 555 y 556 se ocupan del caso del homicidio perpetrado en la hija, la esposa ó en alguno
de los que estaban consumando ó iban á consumar el
acto carnal. Desde luego se advierte que en ninguno
de estos tres casos se encuentra el heridor que causó
la muerte de alguna persona, habiéndose propuesto solamente herirla; y por lo mismo los tres artículos no
son aplicacables.

El artículo 552 se refiere al que mató á su cónyuge
ó á su descendiente y al que obró por brutal ferocidad.

El reo que nos ocupa no ha matado ni á su cónyuge
ni á un descendiente, sino á un extraño, y obró esci-
tado por injurias del ofendido, y no por brutal ferocidad; luego no puede comprenderse en este artículo.

El artículo 553 dice: que se impondrán diez años de
prision en los casos no comprendidos en el precedente,
si el homicidio se ejecutare en riña por el agresor, y
si lo ejecutare el agredido, la pena será de seis años.

Este artículo solo habla del caso de riña y como alguno puede matar á otro fuera de riña proponiéndose solamente herirlo, resulta que el artículo 552 es también inaplicable.

El artículo 551 habla del homicidio cometido por culpa. Como el agresor en el caso que nos ocupa, se supone que hiere intencionalmente, no puede reputarse su delito como de culpa (art. 11) por consiguiente no es aplicable tampoco este artículo.

Como á los jueces les está prohibido imponer penas por analogía; no estando penado en el código el homicidio involuntario causado por heridas voluntarias, se verian precisados á poner en libertad al culpable, por falta de penas que aplicarle. Para subvenir á esta dificultad, la comision determina la pena de cuatro años para el homicida que sólo se había propuesto inferir una herida que no fuera mortal; cuya pena podrá aumentarse ó disminuirse segun el número y calidad de las circunstancias que acompañen al delito.

Art. 479. Es el 558 del Código del Distrito.

"	480	"	559	"	"	"	"
"	481	"	560	"	"	"	"
"	482	"	561	"	"	"	"
"	483	"	562	"	"	"	"
"	484	"	563	"	"	"	"
"	485	"	564	"	"	"	"
"	486	"	565	"	"	"	"
"	487	"	566	"	"	"	"
"	488	"	567	"	"	"	"
"	489	"	568	"	"	"	"
"	490	"	353	"	"	de Guanajuato.	

Art. 491. Es el 354 del Código de Guanajuato.

"	492	"	355	"	"	"	"
"	493	"	569	"	"	del Distrito.	
"	494	"	570	"	"	"	"
"	495	"	571	"	"	"	"
"	496	"	572	"	"	"	"
"	497	"	573	"	"	"	"
"	498	"	574	"	"	"	"
"	499	"	575	"	"	"	"
"	500	"	576	"	"	"	"
"	501	"	577	"	"	"	"
"	502	"	578	"	"	"	"
"	503	"	579	"	"	"	"
"	504	"	580	"	"	"	"
"	505	"	581	"	"	"	"
"	506	"	582	"	"	"	"
"	507	"	583	"	"	"	"
"	508	"	584	"	"	"	"
"	509	"	585	"	"	"	"
"	510	"	586	"	"	"	"
"	511	"	587	"	"	"	"
"	512	"	588	"	"	"	"
"	513	"	589	"	"	"	"
"	514	"	590	"	"	"	"
"	515	"	591	"	"	"	"
"	516	"	592	"	"	"	"
"	517	"	593	"	"	"	"
"	518	"	594	"	"	"	"
"	519	"	595	"	"	"	"
"	520	"	596	"	"	"	"
"	521	"	597	"	"	"	"

Art. 522. Es el 598 del Código del Distrito.

"	523	"	599	"	"	"
"	524	"	600	"	"	"
"	525	"	601	"	"	"
"	526	"	602	"	"	"
"	527	"	603	"	"	"
"	528	"	604	"	"	"
"	529	"	605	"	"	"
"	530	"	606	"	"	"
"	531	"	607	"	"	"
"	532	"	608	"	"	"
"	533	"	609	"	"	"
"	534	"	610	"	"	"
"	535	"	611	"	"	"
"	536	"	612	"	"	"
"	537	"	613	"	"	"
"	538	"	614	"	"	"
"	539	"	615	"	"	"
"	540	"	616	"	"	"
"	541	"	617	"	"	"
"	542	"	618	"	"	"
"	543	"	619	"	"	"
"	544	"	620	"	"	"
"	545	"	621	"	"	"
"	546	"	622	"	"	"
"	547	"	623	"	"	"
"	548	"	624	"	"	"
"	549	"	625	"	"	"
"	550	"	626	"	"	"
"	551	"	627	"	"	"

Art. 552. Es el 628 del Código del Distrito, reduciendo la pena á la mitad.

Art. 553. Es el 629 del Código del Distrito, reduciendo las penas à uno, tres, cinco y ocho años de prisión.

Art. 554. Es el 631 del Código del Distrito.

" 555 " 632 " " " "

Art. 556. Es el 533 del Código del Distrito, fijando el máximun de la multa en 500 pesos.

Art. 557. Es el 634 del Código del Distrito.

" 558 " 635 " " " "
" 559 " 637 " " " "
" 560 " 638 " " " "
" 561 " 639 " " " "
" 562 " 640 " " " "
" 563 " 641 " " " "
" 564 " 642 " " " "
" 565 " 643 " " " "

Art. 566. Es el 644 del Código del Distrito, suprimiendo lo relativo á impresiones, grabados y litografía, porque las injurias cometidas por algunos de estos medios son delitos del fuero privilegiado de imprenta.

Art. 567. Es el 645 del Código del Distrito.

" 568 " 646 " " " "
" 569 " 647 " " " "
" 570 " 648 " " " "
" 571 " 649 " " " "
" 572 " 650 " " " "
" 573 " 651 " " " "
" 574 " 652 " " " "
" 575 " 653 " " " "

Art. 576. Es el 654 del Código del Distrito.

" 577 " 655 " " " "

" 578 " 656 " " " "

Art. 579. Es el 657 del Código del Distrito, suprimiendo en la fraccion 4ª lo relativo á impresion, grabado, etc. Véase el art. 566.

Art. 580. Es el 658 del Código del Distrito, suprimida la fraccion 2ª por ser delito federal.

Art. 581. Es el 659 del Código del Distrito.

" 582 " 660 " " " "

" 583 " 662 " " " "

" 584 " 663 " " " "

" 585 " 664 " " " "

" 586 " 665 " " " "

" 587 " 666 " " " "

" 588 " 667 " " " "

" 589 " 668 " " " "

" 590 " 669 " " " "

Art. 591. Es el 683 del Código del Distrito, suprimiendo la fraccion 2ª por no haber Banco en el Estado, y adaptada la fraccion 3ª al Estado.

Art. 592. Es el 684 del Código del Distrito.

Art. 593. Es el 686 del Código del Distrito, adaptado al Estado.

Art. 594. Es el 687 del Código del Distrito, adaptado al Estado.

Art. 595. Es el 688 del Código del Distrito.

Art. 596. Es el 689 del Código del Distrito, suprimiendo lo relativo á billetes de banco. V. el art. 591.

Art. 597. Es el 690 del Código del Distrito.

" 598 " 691 " " " "

Art. 599. Es el 694 del Código del Distrito, adaptando la fraccion 1ª al Estado, y suprimiendo las fracciones 2ª, 3ª y 6ª por referirse á falsificacion de punzones, cuños ó troqueles para fabricar moneda, y al papel sellado, todo lo cual es exclusivo de la Federacion.

Art. 600. Es el 695 del Código del Distrito, suprimiendo la parte final por las supresiones que se hicieron en el artículo anterior.

Art. 601. Es el 696 del Código del Distrito.

"	602	"	698	"	"	"	"
"	603	"	700	"	"	"	"
"	604	"	701	"	"	"	"
"	605	"	702	"	"	"	"
"	606	"	703	"	"	"	"
"	607	"	706	"	"	"	"
"	608	"	707	"	"	"	"
"	609	"	708	"	"	"	"
"	610	"	709	"	"	"	"
"	611	"	710	"	"	"	"
"	612	"	711	"	"	"	"

Art. 613. Es el 712 del Código del Distrito, adaptándolo al Estado con relacion á las autoridades y funcionarios de él.

Art. 614. Es el 713 del Código del Distrito.

Art. 615. Es el 714 del Código del Distrito, triplicando la pena, por ser mucho mas grave la falsificacion cometida por los notarios ó funcionarios públicos.

Art. 616. Es el 715 del Código del Distrito.

"	617	"	716	"	"	"	"
"	618	"	717	"	"	"	"
"	619	"	718	"	"	"	"

Art. 620. Es el 719 del Código del Distrito.

"	621	"	720	"	"	"	"
"	622	"	721	"	"	"	"
"	623	"	722	"	"	"	"
"	624	"	723	"	"	"	"
"	625	"	724	"	"	"	"
"	626	"	725	"	"	"	"
"	627	"	726	"	"	"	"
"	628	"	727	"	"	"	"
"	629	"	728	"	"	"	"
"	630	"	729	"	"	"	"
"	631	"	730	"	"	"	"
"	632	"	731	"	"	"	"
"	633	"	732	"	"	"	"
"	634	"	733	"	"	"	"
"	635	"	734	"	"	"	"
"	636	"	735	"	"	"	"
"	637	"	736	"	"	"	"
"	638	"	737	"	"	"	"
"	639	"	738	"	"	"	"
"	640	"	739	"	"	"	"
"	641	"	740	"	"	"	"
"	642	"	741	"	"	"	"
"	643	"	742	"	"	"	"

Art. 644. Es el 189 del Código de Guanajuato, suprimida la parte final, por haberse incluído en otro artículo la disposicion penal que contiene.

Art. 645. Es el 744 del Código del Distrito.

"	646	"	745	"	"	"	"
"	647	"	746	"	"	"	"
"	648	"	747	"	"	"	"

Art. 649. Es el 748 del Código del Distrito.

" 650. Fué redactado por la comision.

" 651. Es el 750 del Código del Distrito.

" 652 " 751 " " " "

" 653 " 752 " " " "

" 654 " 193 " " de Guanajuato.

" 655 " 194 " " " "

" 656 " 195 " " " "

" 657 " 196 " " " "

" 658 " 763 " " del Distrito.

" 659 " 753 " " " "

" 660 " 754 " " " "

" 661 " 755 " " " "

" 662 " 756 " " " "

" 663 " 757 " " " "

" 664 " 764 " " " "

" 665 " 765 " " " "

" 666 " 766 " " " "

" 667 " 767 " " " "

" 668 " 768 " " " "

" 669 " 769 " " " "

" 670 " 770 " " " "

" 671 " 772 " " " "

" 672 " 775 " " " "

" 673 " 776 " " " "

Art. 674. Es el 777 del Código del Distrito, suprimida la fraccion 1ª, porque la comision no encontró
justo que se impongan seis años de prision á los padres
de un infante por no presentarlo al registro civil.

Art. 675. Es el 778 del Código del Distrito.

" 676 " 779 " " " "

Art. 677. Es el 780 del Código del Distrito.

"	678	"	781	"	"	"	"
"	679	"	782	"	"	"	"
"	680	"	783	"	"	"	"
"	681	"	784	"	"	"	"
"	682	"	785	"	"	"	"
"	683	"	786	"	"	"	"
"	684	"	787	"	"	"	"
"	685	"	788	"	"	"	"
"	686	"	789	"	"	"	"
"	687	"	790	"	"	"	"
"	688	"	791	"	"	"	"
"	689	"	792	"	"	"	"
"	690	"	793	"	"	"	"

Art. 691. Es el 794 del Código del Distrito, suprimiendo en la fraccion 3ª la condicion de que el estuprador sea mayor de edad, haya dado á la mujer por escrito palabra de casamiento, y se niegue á cumplirla sin causa justa posterior á la cópula, ó anterior á ella pero ignorada por él. Se vé pues que para que se castigue el estupro de mujer que pase de catorce años se necesitan tantos y tan difíciles requisitos que en ningun caso será punible el delito.

Para mayor ilustración de esta materia cree la comision muy conveniente trascribir aquí lo que respecto de este artículo dijo el Lic. José Fernández en su estudio sobre el Código Penal, publicado en los números 51 y 52 del periódico *El Foro:*

"Para que sea punible la cópula con mujer casta y honesta, mayor de catorce años, por medio de la seduccion ó el engaño, se necesita el conjunto de estas tres

condiciones: 1ª Que el estuprador sea mayor de edad,
esto es, que tenga veintiun años. 2ª Que éste haya
dado palabra de casamiento por escrito. 3ª Que se niegue à cumplirla sin causa justa. Sin estas tres condiciones el estupro no es punible. Examinémoslas sepa-
radamente:

1ª condicion: *Que el estuprador sea mayor de edad.*
Qué ¿hasta los veintiun años se puede conocer la ilici-
tud del estupro? Hasta los veintiun años no hay intencion pu nible? Un hombre de diez y ocho años puede
ser condenado por rapto, atentado al pudor, y demas
delitos sensuales perpetrados en una jóven de quince
años, pero en ningun caso puede ser condenado por
estupro en la misma. No alcanzo, señores, la razon de
esto que yo llamo inconsecuencia.

2ª condicion: *Qué haya dado el estuprador por escrito palabra de casamiento.* ¡Qué medio tan fácil tienen los seductores para que su delito quede impune!
Engañar, pervertir, seducir por escrito, les es permitido. Y á turbar la tranquilidad de la familia, arrojar
eterna mancha sobre el honor de una mujer, burlar los
cabellos blancos de un padre, convertir en vergüenza el
porvenir de la mujer para quien se abrian las puertas
de la vida, nublar con eterno llanto los ojos de la ma-
dre anciana, sembrar la desesperacion en el hogar, todo,
todo le es permitido al seductor con tal de que se abs-
tenga de una sola cosa, no de engañar, no de seducir,
no de empeñar palabra de casamiento, sino solo de em-
peñarla por escrito! Qué defensa tiene la mujer de catorce años contra el libertino que va á burlarla? Exi-
girle la palabra de casamiento escrita? Una mujer que

ama, creeis que vaya á registrar el Código Penal? Si la ley hubiera exigido como condicion precisa, para que el estupro no fuese punible, que el estuprador hubiese advertido á la mujer que no se casaria con ella, sin darle motivo para hacerla dudar de esa advertencia, entonces á lo menos la ley castigaría el engaño.

3ª condicion: *Que el estuprador no se niegue á cumplir su promesa de casamiento.* Si está dispuesto á cumplirla, no hay pena.

El delincuente está colocado en esta alternativa:

Arresto de cinco á once meses, y multa de cien á mil quinientos pesos, ó matrimonio. ¿Cuál será la eleccion?

El horror á la cárcel, la privacion de la libertad, el pago de la multa, lo inclinan al matrimonio. La atraccion del sexo, algo de cariño, la posesion de una mujer, la novedad del estado, la seguridad de debilitar el vínculo del matrimonio hasta el punto en que no le restrinja ninguna libertad; la resolucion de abandonar á la esposa si llega à sentir por ella repugnancia, y la ventaja de disfrutar de la herencia que corresponde à la cónyuge, determinaràn su eleccion.

De cien hombres colocados en esta situacion, noventa y cinco indudablemente optarán por el casamiento. Considerad ahora, señores, cuáles serán las consecuencias de esta union, cuando la mujer no tiene el respeto ni la confianza del marido, cuando ha sido elevada á la dignidad de casada, solo para salvar á un hombre de la càrcel, solo para satisfacer deseos de lujuria, solo para infundir esperanzas de lucro. ¿Cuál será el porvenir de esa union? Cuál será el destino de ésta?

¿Qué males son peores, los que origina un estupro, ó los que produce la creacion de una familia bajo precedentes tan funestos? El punto es muy difícil, yo me limito á señalar los males que pueden provenir, sin determinar si serán mayores ó no que los bienes que resulten.

Creo que esta materia del estupro exige una pronta revision. El estupro no debe ser lícito, tampoco se le debe castigar en todos los casos. La ley, á mi juicio, debe protejer á la mujer de la seduccion y el engaño, hasta la edad en que comprenda la influencia en el porvenir de un desliz, hasta la edad en que es capaz de resistir los impulsos del corazon, en que el conocimiento del mundo le haga saber la forma que toman en su manifestacion los sentimientos, y esté bien penetrada de la trascendencia de una debilidad. ¿Cuál es esa edad? A mi juicio no es la de diez y seis años que fija para el rapto el Código Penal, sino la de veinte."

En vista de las juiciosas observaciones que preceden, la comision no vaciló en reformar el artículo de que se trata en el sentido que se expresó al principio, esto es, suprimiendo las condiciones de que el estuprador sea mayor de edad, de que haya dado por escrito palabra de casamiento y se niegue á cumplirla, y por último, que sea menor de catorce años; fijándose la edad en 21.

Art. 692. Es el 795 del Código del Distrito.

"	693	"	796	"	"	"	"
"	694	"	797	"	"	"	"
"	695	"	798	"	"	"	"
"	696	"	799	"	"	"	"

Art. 697. Es el 800 del Código del Distrito.

  " 698   " 801 "   "   "   "
  " 699   " 802 "   "   "   "
  " 700   " 803 "   "   "   "
  " 701   " 804 "   "   "   "
  " 702   " 805 "   "   "   "
  " 703   " 806 "   "   "   "
  " 704   " 807 "   "   "   "
  " 705   " 808 "   "   "   "

Art. 706. Es el 809 del Código del Distrito, reduciendo la pena de cuatro à dos años de prision.

Art. 707. Es el 810 del Código del Distrito, haciendo extensiva la pena á todos los casos en que la rapta sea menor de edad; por las mismas consideraciones que se han hecho al hablar del estupro.

Art. 708. Es el 811 del Código del Distrito, haciéndolo extensivo á todos los casos en que la mujer robada sea menor de edad; para que esté de acuerdo el tenor de este artículo con el anterior.

Art. 709. Es el 812 del Código del Distrito, reduciendo á ocho los doce años de prision.

Art. 710. Es el 813 del Código del Distrito.

  " 711   " 814 "   "   "   "
  " 712   " 815 "   "   "   "
  " 713   " 816 "   "   "   "
  " 714   " 817 "   "   "   "
  " 715   " 818 "   "   "   "
  " 716   " 819 "   "   "   "

Art. 717. Es el 820 del Código del Distrito, adicionado con la prevencion de que el juez siga el procedimiento de oficio miéntras no se remita la ofensa.

Art. 718. Es el 821 del Código del Distrito.

"	719	"	822	"	"	"	"
"	720	"	823	"	"	"	"
"	721	"	824	"	"	"	"
"	722	"	825	"	"	"	"
"	723	"	826	"	"	"	"
"	724	"	827	"	"	"	"
"	725	"	828	"	"	"	"
"	726	"	829	"	"	"	"
"	727	"	830	"	"	"	"
"	728	"	831	"	"	"	"
"	729	"	832	"	"	"	"
"	730	"	833	"	"	"	"
"	731	"	834	"	"	"	"
"	732	"	835	"	"	"	"
"	733	"	836	"	"	"	"
"	734	"	837	"	"	"	"
"	735	"	838	"	"	"	"
"	736	"	842	"	"	"	"
"	737	"	843	"	"	"	"
"	738	"	844	"	"	"	"
"	739	"	845	"	"	"	"
"	740	"	846	"	"	"	"
"	741	"	847	"	"	"	"
"	742	"	848	"	"	"	"
"	743	"	849	"	"	"	"
"	744	"	850	"	"	"	"
"	745	"	851	"	"	"	"
"	746	"	852	"	"	"	"
"	747	"	853	"	"	"	"

Art. 748. Es el 702 del Código del Est? de México.

   " 749   " 703 "   "   "   "

   " 750   " 704 "   "   "   "

   " 751   " 705 "   "   "   "

   " 752   " 706 "   "   "   "

Art. 753. Es el 863 del Código del Distrito, adaptado al Estado.

Art. 754. Es el 864 del Código del Distrito, adaptado al Estado.

Art. 755. Es el 867 del Código del Distrito.

Art. 756. Es el 868 del Código del Distrito, adaptado al Estado.

Art. 757. Es el 869 del Código del Distrito.

   " 758   " 870 "   "   "   "

   " 759   " 871 "   "   "   "

   " 760   " 872 "   "   "   "

   " 761   " 873 "   "   "   "

   " 762   " 874 "   "   "   "

Art. 763. Es el 875 del Código del Distrito, adaptado al Estado.

Art. 764. Es el 876 del Código del Distrito.

   " 765   " 877 "   "   "   "

   " 766   " 878 "   "   "   "

   " 767   " 880 "   "   "   "

   " 768   " 881 "   "   "   "

   " 769   " 882 "   "   "   "

   " 770   " 883 "   "   "   "

   " 771   " 884 "   "   "   "

   " 772   " 885 "   "   "   "

   " 773   " 886 "   "   "   "

   " 774   " 887 "   "   "   "

" 775. Es el 888 del Código del Distrito.

" 776 " 889 " " " "

" 777 " 890 " " " "

" 778 " 891 " " " "

" 779 " 892 " " " "

" 780 " 893 " " " "

" 781 " 894 " " " "

Art. 782. Es el 895 del Código del Distrito, adaptado al Estado.

Art. 783. Es el 896 del Código del Distrito, suprimida la parte final del citado artículo.

Art. 784. Es el 898 del Código del Distrito.

" 785 " 899 " " " "

" 786 " 900 " " " "

" 787 " 901 " " " "

" 788 " 902 " " " "

Art. 789. Es el 903 del Código del Distrito, adaptado al Estado.

Art. 790. Es el 904 del Código del Distrito.

Art. 791. Es el 905 del Código del Distrito, reduciendo el mínimun de la multa á tres pesos.

Art. 792. Es el 906 del Código del Distrito.

" 793 " 907 " " " "

" 794 " 908 " " " "

Art. 795. Es el 909 del Código del Distrito, adaptado al Estado, y reduciendo la multa á cincuenta pesos el mínimun y á quinientos el máximun.

Art. 796. Es el 910 del Código del Distrito, adaptado al Estado, y reduciendo la multa á veinticinco pesos el mínimun y á doscientos el máximun.

Art. 797. Es el 911 del Código del Distrito, reduciendo el máximun de la multa á cien pesos.

Art. 798. Es el 912 del Código del Distrito, adaptado al Estado.

Art. 799. Es el 913 del Código del Distrito, adaptado al Estado.

Art. 800. Es el 914 del Código del Distrito, adaptado al Estado.

Art. 801. Es el 915 del Código del Distrito, adaptado al Estado.

Art. 802. Es el 916 del Código del Distrito, adaptado al Estado.

Art. 803. Es el 917 del Código del Distrito.

    „ 804 „ 918 „ „ „ „

Art. 805. Es el 144 del Código de Guanajuato.

Art. 806. Es el 920 del Código del Distrito.

    „ 807 „ 921 „ „ „ „

    „ 808 „ 143 „ „ de Guanajuato.

Art. 809. Fué redactado por la comision.

    „ 810 „ „ „ „

Art. 811. Es el 923 del Código del Distrito.

    „ 812 „ 924 „ „ „ „

    „ 813 „ 925 „ „ „ „

Art. 814. Es el 926 del Código del Distrito, reduciendo la pena á arresto mayor, y la multa á cien pesos.

Art. 815. Es el 927 del Código del Distrito, reduciendo las penas.

Art. 816. Es el 928 del Código del Distrito.

Art. 817. Es el 929 del Código del Distrito, reduciendo la multa.

Art. 818. Es el 152 del Código de Guanajuato.

Art. 819. Es el 153 del Código de Guanajuato.

	820		154						
	821		155						
	822		156						
	823		157						
	824		934			del Distrito.
	825		937						
	826		159			de Guanajuato.
	827		160						
	828		161						
	829		162						

Art. 830. Es el 938 del Código del Distrito, suprimida la parte final relativa á las agravaciones.

Art. 831. Es el 940 del Código del Distrito, adaptado al Estado.

Art. 832. Es el 941 del Código del Distrito.

Art. 833. Es el 942 del Código del Distrito, suprimiendo lo relativo á la division de la vigilancia en 1ª y 2ª clase, porque al enumerar las penas la comision suprimió la division referida.

Art. 834. Es el 943 del Código del Distrito, con la misma modificacion del artículo que precede.

Art. 835. Es el 944 del Código del Distrito.

	836		945						
	837		946						
	838		947						
	839		948						
	840		949						

Art. 841. Es el 950 del Código del Distrito, adaptado al Estado.

Art. 842. Es el 951 del Código del Distrito.

Art. 843. Es el 952 del Código del Distrito.

"	844	"	953	"	"	"	"
"	845	"	954	"	"	"	"
"	846	"	955	"	"	"	"

Art. 847. Es el 416 del Código del Est? de México.

"	848	"	417	"	"	"	"
"	849	"	418	"	"	"	"
"	850	"	419	"	"	"	"
"	851	"	420	"	"	"	"
"	852	"	421	"	"	"	"
"	853	"	422	"	"	"	"
"	854	"	423	"	"	"	"
"	855	"	424	"	"	"	"
"	856	"	425	"	"	"	"
"	857	"	427	"	"	"	"
"	858	"	428	"	"	"	"
"	859	"	429	"	"	"	"
"	860	"	430	"	"	"	"
"	861	"	976	"	"	del Distrito.	
"	862	"	977	"	"	"	"
"	863	"	978	"	"	"	"
"	864	"	979	"	"	"	"
"	865	"	980	"	"	"	"
"	866	"	981	"	"	"	"
"	867	"	982	"	"	"	"
"	868	"	983	"	"	"	"
"	869	"	984	"	"	"	"
"	870	"	985	"	"	"	"
"	871	"	986	"	"	"	"
"	872	"	987	"	"	"	"
"	873	"	988	"	"	"	"

Art. 874. Es el 989 del Código del Distrito, reduciendo la multa que impone dicho artículo á la mitad.

Art. 875. Es el 990 del Código del Distrito, reduciendo el mínimun y el máximun de la multa á la mitad.

Art. 876. Es el 991 del Código del Distrito, reduciendo el mínimun de la multa á cincuenta pesos, y el máximun á quinientos.

Art. 877. Es el 992 del Código del Distrito.

"	878	"	993	"	" " "
"	879	"	994	"	" " "
"	880	"	995	"	" " "
"	881	"	996	"	" " "
"	882	"	997	"	" " "
"	883	"	998	"	" " "
"	884	"	999	"	" " "
"	885	"	1000	"	" " "
"	886	"	1001	"	" " "
"	887	"	1002	"	" " "
"	888	"	1003	"	" " "
"	889	"	1004	"	" " "
"	890	"	1005	"	" " "
"	891	"	1006	"	" " "
"	892	"	1007	"	" " "
"	893	"	1008	"	" " "
"	894	"	1009	"	" " "
"	895	"	1010	"	" " "
"	896	"	1011	"	" " "
"	897	"	1012	"	" " "
"	898	"	1013	"	" " "
"	899	"	1014	"	" " "
"	900	"	1015	"	" " "

Art. 901. Es el 1016 del Código del Distrito.

" 902 " 1017 " " " "

" 903 " 1018 " " " "

" 904 " 1019 " " " "

" 905 " 1020 " " " "

Art. 906. Es el 1021 del Código del Distrito, adaptado al Estado.

Art. 907. Es el 1022 del Código del Distrito.

" 908 " 1023 " " " "

" 909 " 1024 " " " "

" 910 " 1025 " " " "

Art. 911. Es el 1026 del Código del Distrito, adaptado al Estado.

Art. 912. Es el 1027 del Código del Distrito.

" 913 " 1028 " " " "

" 914 " 1029 " " " "

" 915 " 1030 " " " "

" 916 " 1031 " " " "

" 917 " 1032 " " " "

" 918 " 1033 " " " "

" 919 " 1034 " " " "

Art. 920. Es el 1035 del Código del Distrito, suprimidas las siguientes palabras: "ó al veredicto de un jurado."

Art. 921. Es el 1036 del Código del Distrito.

" 922 " 1037 " " " "

" 923 " 1038 " " " "

" 924 " 1039 " " " "

" 925 " 1040 " " " "

" 926 " 1041 " " " "

" 927 " 1042 " " " "

Art. 928. Es el 1043 del Código del Distrito, adaptado al Estado.

Art. 929. Es el 1044 del Código del Distrito.

Art. 930. Es el 1045 del Código del Distrito, adaptado al proyecto.

Art. 931. Es el 1046 del Código del Distrito.

Art. 932. Es el 1047 del Código del Distrito, adicionado con la prevencion de que si el juez no tuviere emolumentos sufrirá una multa del duplo del daño que hubiere causado.

Art. 933. Es el 1048 del Código del Distrito.

"	934	"	1049	"	"	"	"
"	935	"	1050	"	"	"	"
"	936	"	1051	"	"	"	"
"	937	"	1052	"	"	"	"

Art. 938. Es el 1053 del Código del Distrito, incluyendo á los testigos de asistencia de los juzgados.

Art. 939. Es el 1054 del Código del Distrito, incluyendo á los testigos de asistencia de los juzgados.

Art. 940. Es el 1055 del Código del Distrito.

"	941	"	1056	"	"	"	"
"	942	"	1058	"	"	"	"

Art. 943. Es el 1059 del Código del Distrito, adaptado al Estado.

Art. 944. Es el 1060 del Código del Distrito.

Art. 945. Es el 1061 del Código del Distrito, reduciendo las penas.

Art. 946. Es el 1062 del Código del Distrito.

"	947	"	1063	"	"	"	"
"	948	"	1064	"	"	"	"
"	949	"	1065	"	"	"	"

Art. 950. Es el 1066 del Código del Distrito.

  "   951 "   1067 "   "   "   "

  "   952 "   1068 "   "   "   "

  "   953 "   1069 "   "   "   "

  "   954 "   1070 "   "   "   "

Art. 955. Es el 1095 del Código del Distrito, adaptado al Estado.

Art. 956. Es el 1096 del Código del Distrito, sustituyendo la pena de reclusion con la de prision, lo cual se ha hecho tambien en todos los demas artículos de este capítulo, porque la comision cree que debe castigarse con severidad este delito, y además porque no hay en el Estado establecimientos á propósito para los condenados á la pena de reclusion.

Art. 957. Es el 1097 del Código del Distrito.

  "   958 "   1098 "   "   "   "

Art. 959. Es el 1099 del Código del Distrito, sustituyendo la pena de reclusion con la de prision.

Art. 960. Es el 1100 del Código del Distrito, sustituyendo la pena de reclusion con la de prision.

Art. 961. Es el 1102 del Código del Distrito.

  "   962 "   1103 "   "   "   "

  "   963 "   1105 "   "   "   "

  "   964 "   1106 "   "   "   "

  "   965 "   1107 "   "   "   "

  "   966 "   1108 "   "   "   "

  "   967 "   1109 "   "   "   "

  "   968 "   1111 "   "   "   "

  "   969 "   1112 "   "   "   "

  "   970 "   1113 "   "   "   "

  "   971 "   1114 "   "   "   "

Art. 972. Es el 1115 del Código del Distrito.

   " 973   " 1116 "   "   "   "

   " 974   " 1117 "   "   "   "

   " 975   " 1118 "   "   "   "

Art. 976. Es el 1119 del Código del Distrito, suprimida la parte final,.y se sustituyó la pena de reclusion con la de prision.

Art. 977. Es el 1120 del Código del Distrito.

   " 978   " 1123 "   "   "   "

Art. 979. Es el 1124 del Código del Distrito, sustituyendo la pena de reclusion con la de prision.

Art. 980. Es el 1125 del Código del Distrito, sustituyendo la pena de reclusion con la de prision.

Art. 981. Es el 1126 del Código del Distrito.

Art. 982. Es el 336 del Código de Guanajuato.

Art. 983. Fué redactado por la comision.

Art. 984. Es el 1146 del Código del Distrito.

Art. 985. Fué redactado por la comision.

Art. 986. Es el 360 del Código de Guanajuato.

   " 987   " 361 "   "   "   "

Art. 988. Fué redactado por la comision.

Art. 989. Es el 3º de la ley transitoria del Código del Distrito.

Art. 990. Es el 4º de la ley transitoria del Código del Distrito.

Art. 991. Es el 27 de la ley transitoria del Código del Distrito.

Art. 992. Fué redactado por la comision.

   " 993   "   "   "   "

   " 994   "   "   "   "

SUPRESIONES

DEL

Código Penal del Distrito Federal.

1. El art. 3º y el 9º se suprimieron porque fueron sustituidos con otros del Código de Guanajuato.*

2. El art. 23 se suprimió porque habiéndose determinado en los arts. 19 y 20 en lo que consiste el conato y cuando es punible, parece redundante el artículo referido.

3. El art. 24 se suprimió tambien, por razones análogas á las que se acaban de exponer, pues cualquier acto que no tenga pena señalada en el Código, no se reputa delito, segun lo dispuesto en el art. 3º

4. Se suprimió el art. 61 que prohibe las penas de presidio y de obras públicas, porque en el art. 978 del Proyecto, se establecen los trabajos de policía, los cuales son públicos.

5. Se suprimió el art. 62 porque fué sustituído con el 34 del Código de Guanajuato.

---

* *Varios artículos del Código de Guanajuato fueron adoptados por la comision en sustitucion de otros del Código del Distrito federal, por ser mas claros ó concisos en su redaccion, ó por referirse à materias de que se hizo punto omiso en el referido Código.*

6. Quedó suprimido el art. 64 porque, atendida la condicion de las cárceles del Estado, es inútil la prevencion que contiene.

7. El art. 65 se omitió tambien porque, atendida la condicion miserable de los presos en el Estado, salva una que otra excepcion remota, es innecesaria la precaucion que en dicho artículo se establece.

8. Los arts. 71 al 76 que establecen que las penas que escedan de dos años se entenderán impuestas con la calidad de retencion por una cuarta parte más de tiempo, y que reglamentan el modo de hacer efectiva la retencion, se suprimieron porque la organizacion de nuestras cárceles y la humilde condicion de sus custodios hacen difícil, sino imposible, la investigacion de la conducta de los presos, que es lo que sirve de base para decretar la ejecucion de la pena en la parte relativa à la retencion, así como tambien respecto de la libertad preparatoria, que se concede á los reos en otra parte del Código, y de la que se hablará despues. Por otra parte, la consideracion de que los custodios de las cárceles, alcaides, inspectores, etc., conviertan en una granjería la facultad que se les concede para informar sobre la buena ó mala conducta observada por los reos durante su prision, indujo á la comision à suprimir esta agravacion de las penas, suprimiendo en compensacion lo relativo á la libertad preparatoria.

9. Se suprimieron los artículos del 77 al 91, que tratan del trabajo de los presos y de la distribucion de su producto, porque la falta de talleres en las cárceles y de los elementos necesarios para su establecimiento inmediato, hacen inútil y aún ridícula, cualquiera pre-

vencion en este sentido; y para subvenir en lo futuro á la necesidad que haya de establecer el trabajo en las cárceles, la comision encomienda en el art. 75 al Ejecutivo del Estado la facultad de expedir reglamentos sobre la materia. Respecto á la distribucion del producto del trabajo de los sentenciados, la comision establece en el art. 76 del proyecto, lo que ha juzgado mas conveniente y equitativo.

10. El art. 92 y el 93 se sustituyeron con el 36 del Código de Guanajuato, por ser más claro é ideológico el órden que en él se emplea al hacer la enumeracion de las penas.

11. Los artículos del 95 al 97 se han suprimido porque contienen agravaciones de las penas, lo cual en concepto de la comision, es contrario á lo que previene el art. 22 de la Constitucion general.

12. Los artículos del 98 al 105, que tratan de la libertad preparatoria de los reos, se suprimieron por las razones expuestas al tratar de la supresion de la retencion; y porque no existiendo ésta no puede existir la libertad preparatoria, que fué establecida para compensar el agravio que resulta de la retencion. (Véase el núm. 8.

13. Los artículos del 106 al 108 se sustituyeron con el 60 del Código de Guanajuato, que trata de la misma materia con mucha concision y claridad.

14. El art. 123 fué sustituído con el 110.

15. El art. 126 fué suprimido porque en el 75 del proyecto se hace extensivo el trabajo á todos los sentenciados.

16. Los arts. 127 y 128 se suprimieron porque en

el Estado no hay establecimientos de correcion penal, y se sustituyeron con el art. 79 del Proyecto.

17. Art. 129. (Véase el núm. 8.)

18. El art. 130 fué sustituído con el 74 del Proyecto, porque aquél está redactado bajo la base de que existe una penitenciaría, ó al menos cárceles con varios departamentos.

19. Los artículos del 131 al 137 se suprimieron porque se refieren á agravaciones de las penas. (Véase el núm. 11.)

20. Los artículos del 139 al 142 se suprimieron sustituyéndolos con los arts. 48, 49 y 50 del Código de Guanajuato.

21. Se suprimió el art. 145 porque no se adoptó la pena de 20 años de prision sustitutiva de la pena de muerte.

22. Los artículos del 146 al 149 se suprimieron porque fueron sustituídos con los artículos 51, 52 y 53 del Código de Guanajuato.

23. Los artículos del 157 al 165 se suprimieron porque fueron reformados en su mayor parte por la comision, y sustituídos algunos por otros del Código de Guanajuato.

24. El art. 169 fué sustituído con el 72 del Código de Guanajuato.

25. Los artículos del 171 al 173 se suprimieron por no estar en concordancia con el 116 del Proyecto, en el que se establece la sujecion á la vigilancia de la autoridad política con arreglo al Código de Guanajuato.

26. El art. 183 se suprimió porque en el 979 del proyecto se derogan todas las leyes penales anteriores,

y ademas porque es casi imposible hacer el cómputo á que se refiere el referido artículo 183.

27. El artículo 184 se suprimió por ser privativo de la Federacion.

28. Los artículos del 186 al 190 se suprimieron por la misma razon que los anteriores.

29. Los artículos 213 y 214 se suprimieron por referirse á las agravaciones de las penas, que no se han aceptado en el Proyecto.

30. Los artículos del 246 al 249 se suprimieron porque fueron sustituidos con los artículos 95, 96, 97, 98 y 99 del Código de Guanajuato.

31. El artículo 252 se suprimió porque lo que previene es precepto constitucional.

32. El art. 259 se suprimió porque es inútil la prevencion que contiene.

33. El art. 262 fué sustituido con el 128 del Código de Guanajuato.

34. El art. 264 se suprimió porque la prevencion que contiene es notoria y está comprendida tácitamente en el artículo que precede.

35. El art. 277 se suprimió por ser privativo de la Federacion, y porque la primera parte, con relacion al Estado, está comprendida en la Constitucion del mismo.

36. Los arts. 288 y 289 se suprimieron porque sus prevenciones están comprendidas en la Constitucion del Estado.

37. El art. 307 fué sustituido con el 113 y el 114 del Código de Guanajuato.

38. El art. 346 se suprimió porque generalmente no

se puede determinar al tiempo de la sentencia el monto de los gastos judiciales, por necesitarse en muchos casos la prueba y regulacion de ellos, y porque ademas se prolongarian los procesos con la sustanciacion de este incidente.

39. El art. 358 y el 359 se suprimieron porque se refieren al art. 85 que tambien fué suprimido.

40. El art. 382 se suprimió por ser privativo de la Federacion.

41. Los arts. 495 y 496 se suprimieron por ser privativos de la Federacion.

42. El art. 630 se suprimió porque se refiere á los arts. 72, 73 y 74 que tambien fueron suprimidos.

43. El art. 661 se suprimió porque la primera parte no se podria cumplir sino en muy pocos casos, atendida la condicion miserable de los reos; y porque el final del artículo se refiere á delitos de la ley de imprenta.

44. Los artículos del 670 al 682 fueron suprimidos porque tratan de la falsificacion y alteracion de la moneda, cuyos delitos se castigan por las leyes federales.

45. El art. 685 se suprimió por la misma razon expresada en el número anterior.

46. El art. 692 se suprimió porque se refiere al 677 y al 681 que tambien fueron suprimidos.

47. El art. 693 y el 699 se suprimieron por tratar de delitos federales.

48. El art. 697 se suprimió por referirse al 672 que tambien fué suprimido.

49. Los arts. 704 y 705 se suprimieron por tratar de delitos federales.

50. El art. 743 fué sustituido con el 189 del Código de Guanajuato.

51. El art. 749 fué modificado por el 645 del Proyecto.

52. Los artículos del 753 al 757 fueron suprimidos por tratar de la falsedad de los despachos telegráficos, cuyo delito corresponde á los tribunales federales.

53. Los artículos del 758 al 762 fueron sustituidos con los artículos del 193 al 196 del Código de Guanajuato.

54. El art. 771 se suprimió porque trata de delitos cometidos en la estafeta, cuyo conocimiento corresponde à los tribunales federales.

55. El art. 773 se suprimió porque parece inútil la prevencion que contiene, puesto que en los Códigos Civil y de Procedimientos está ya establecido.

56. El art. 774 se suprimió por considerarlo redundante.

57. Los artículos del 839 al 841 se suprimieron porque los delitos de que en ellos se trata, si se consuman, se castigarán con arreglo á las prevenciones del Código, y en caso contrario se aplicarán las penas señaladas para los delitos frustrados ó intentados.

58. Los artículos del 854 al 862 fueron sustituidos con los artículos del 702 al 706 del Código del Estado de México.

59. Los arts. 865 y 866 se suprimieron por no haber rifas públicas en el Estado, y porque, cuando las haya será en virtud de una ley especial que determinarà todo lo relativo.

60. El art. 879 se suprimió porque la Constitucion del Estado establece en qué casos debe privarse ó suspenderse de los derechos de ciudadano.

61. Los arts. 919 y 922 fueron sustituidos con el 143 y el 144.del Código de Guanajuato.

62. Los artículos del 930 al 933, el 935, 936 y 939 fueron sustituídos con los artículos del 152 al 157 y del 159 al 162 del Código de Guanajuato, que tratan de la misma materia con mas precision y claridad.

63. Los artículos del 956 al 965 se suprimieron porque tratan de los delitos cometidos en las elecciones populares de la República, lo cual es privativo de la Federacion; y para castigar los que se cometan en las elecciones particulares del Estado, adoptó la comision los artículos del 416 al 430 del Código del Estado de México.

64. Los artículos del 966 al 975 se suprimieron porque tratan de los delitos contra la libertad de imprenta, contra la libertad de cultos y contra la libertad de conciencia, los cuales son de la jurisdiccion exclusiva federal.

65. El art. 979 se suprimió por tratar de un delito cometido por los empleados del telégrafo, los cuales estàn sujetos á los tribunales federales.

66. El art. 1057 se suprimió por referirse al Jurado, cuya institucion no existe en el Estado.

67. Los artículos del 1071 al 1094 se suprimieron por tratar del delito de traicion y de otros contra la seguridad exterior de la Nacion, todo lo cual corresponde á los tribunales federales.

68. El art. 1101 se suprimió porque la 2ª fraccion es exclusiva de delitos federales, y el delito á que se refiere la 1ª debe castigarse con las penas señaladas à los cómplices.

69. El art. 1104 se suprimió porque se refiere á un delito federal.

70. El art. 1110 se suprimió porque se refiere à un delito que propiamente debe castigarse con las penas del conato, del delito intentado y del delito frustrado.

71. El art. 1121 se suprimió porque contiene una prevencion comprendida en la ley orgánica del fuero militar, cuya observancia es obligatoria á los Estados.

72. El art. 1122 se suprimió porque se refiere al 1081 suprimido tambien.

73. Los arts. del 1127 al 1139 se suprimieron porque tratan de la piratería, trata de esclavos y otros delitos contra el derecho de gentes, sobre cuyos puntos solo puede legislar el Congreso de la Union.

74. Los arts. del 1140 al 1152 se suprimieron porque estàn refundidos en los arts. del 967 al 969 del Proyecto. La comision omitió detallar las faltas como se hace en el Código del Distrito, porque dicha enumeracion es incompleta, y contiene ademas muchas faltas que no pueden cometerse en los pueblos del Estado, atendida su organizacion social; y juzgó mas conveniente el que los ayuntamientos, por medio de sus bandos de buen gobierno, pormenorizarán las faltas, como lo hacen anualmente.

75. De la ley transitoria del Código del Distrito solo tomó la comision los arts. 3º, 4º y 27 omitiendo todo lo demas por considerarlo mas propio de los reglamentos que expide el Ejecutivo del Estado sobre los diversos puntos à que dicha ley se refiere.

Las concordancias y supresiones que quedan expuestas, están arregladas no al Proyecto que remitió la comision al Gobierno sino al Código tal cual fué votado en la Legislatura; pues el objeto principal de esta parte expositiva es manifestar las diferencias que existen entre el Código del Estado y el del Distrito federal cuyo objeto no se hubiera conseguido poniendo el Proyecto de la comision. Para dar á conocer las muy pequeñas diferencias que existen entre el Proyecto de la comision y el trabajo aprobado por la Legislatura, se publican á continuacion las actas de las sesiones en que tuvo lugar la discusion del Código.

CONGRESO DEL ESTADO.

Sesion del dia 3 de Diciembre de 1878.

La comision de Justicia, presentó tambien un dictàmen recaído al Proyecto del Código Penal del Estado, el cual concluye con el siguiente proyecto de decreto:

Art. 1º Se adopta para el Estado el Código Penal, que por encargo del Ejecutivo del mismo, formó una comision compuesta de los Ciudadanos Lics. Cecilio A. Robelo y Clemente Castillo, con solo las modificaciones siguientes:

I. Que el art. 39 sea literalmente como el del mismo Código Penal del Distrito federal, de donde se tomó.

II. Que al art. 40 se le agregue la fracion III, en los términos siguientes: «El temor reverencial á los padres ó personas que hagan sus veces, el de los militares á sus jefes, y el de los presos à sus jueces y personas que los tienen bajo su custodia.»

III. Que no se verifiquen las supresiones hechas en los arts. 131, 260, 304, 306, 314, 404 y 405 en lo que se refiere el Proyecto á telégrafos y ferrocarriles, y

IV. Que el artículo 894, sea literalmente en todo caso el 1,022 del Código del Distrito federal.

Art. 2º Se autoriza á todos los jueces de 1ª instancia del Estado, para que por conducto del Tribunal Superior de Justicia del mismo dirijan al Congreso las observaciones prudentes que el estudio y la práctica les sugiera aplicar al referido Código, á fin de que se le hagan las modificaciones oportunas.

Art. 3º Comenzará á estar vigente el referido Código en todo el Estado, el primer dia del año de 1879. Se discutirá mañana, citándose al efecto, à los miembros del Tribunal, designados por éste.

———

Sesion del dia 4 de Diciembre de 1878.

No habiendo mas con que dar cuenta, se procedió á la discusion del Código, quedando sin ella aprobados los artículos de éste, del 1º al 70 por unanimidad, menos el 69 que trata de la pena de muerte, contra el cual habló y votó el ciudadano García, despues de una discusion que sostuvo con los ciudadanos Piedra, Millan y segundo Magistrado, sobre su abolicion; habiéndose hecho únicamente estas modificaciones:

Al art. 39 se agregó la fraccion I del 39 del Código Penal del Distrito Federal de donde aquél se tomó.

Al 40 se agregó tambien la fraccion III del mismo art. 40 del citado Código.

Al 44 se agregó igualmente la fraccion VIII del art. 44 del repetido Código.

Sesion del dia 5 de Diciembre de 1878.

....

Con asistencia del segundo Magistrado del Tribunal Superior de Justicia del Estado, continuó la discusion del Proyecto del Código Penal, y sin ella se aprobaron, con solo algunas esplicaciones del expresado Magistrado y del órgano de la comision respectiva, los artículos del 71 al 169 modificándose solo el 135 para dejarlo como el 201 del Código Penal del Distrito federal.

Siendo la hora de reglamento y estando para levantarse la sesion, el ciudadano García hizo mocion por escrito para que el Congreso se declarase en sesion permanente hasta concluir la discusion del referido Código, cuya mocion se aprobó por unanimidad, señalándose las tres y media de la tarde y nueve de la mañana de los dias subsecuentes para el objeto indicado.

En el mismo dia, á las tres de la tarde, continuó la discusion, y sin ella se aprobaron los artículos del 170 al 254.

Diciembre 6.—A las nueve de la mañana siguió la misma discusion, aprobándose por unanimidad los artículos del 255 al 364, con solo las siguientes adiciones que surgieron á las explicaciones dadas por el ciudadano segundo Magistrado del Tribunal Superior y el órgano de la comision respectiva, al hacer cada uno uso

de la palabra, para manifestar las razones de aproba-
cion de cada uno de los artículos discutidos.

En el art. 260 se dejó subsistente lo relativo á cami-
nos de fierro, que se habia suprimido en el Proyecto
al tomar ese artículo del 331 del Código Penal del
Distrito federal. Despues del art. 266 se pondrá el
equivalente al 337 del mismo Código del Distrito.

El 304 será íntegro el 381 del repetido Código.

En la fraccion IV del art. 384 del Código Penal del
Distrito, solo se suprimió lo relativo á embarcaciones
por no haberlas en el Estado, subsistiendo en conse-
cuencia, todo lo demas de ese artículo que corresponde
al 306 del Proyecto.

Despues del 313 irán los arts. 392 y 393 del referido Código.

El 357 será el mismo que el 437 del mismo Código
Penal, seguido de los 357 y 438 de éste.

Diciembre 6 por la tarde.—Siguiendo la discusion
del Código Penal del Estado, sin ella se aprobaron los
artículos del 365 al 505, poniéndose en seguida del 410
el 492 del Código Penal del Distrito.

Diciembre 7 á las nueve de la mañana.—Tambien se
aprobaron sin discusion los artículos del 506 al 979 del
Proyecto, adicionándose el 565 con la fraccion II del
648 del Código del Distrito que aquel habia suprimido.

A las tres de la tarde continuó el Congreso ocupán-
dose de una manera especial de las supresiones que del
Código Penal del Distrito hizo la comision encargada

de formular el Proyecto que se ha discutido, y aprobó todas menos las siguientes qne se aumentarán á éste.

Despues del art. 778 del Proyecto, irá el 902 del Código Penal federal.

Despues del 852 el 979.

En seguida del 892 el 1020, y despues del 894 los 1023 y 1024. Yendo por último el 979 del Código Penal del Distrito despues del 852.

Como capítulo último del título XI del libro tercero del Proyecto, se pondrá el relativo del Código del Distrito federal, que trata sobre telégrafos.

Por último, se acordó que en el artículo transitorio se previniese la vigencia del Código desde el dia 5 de Febrero del año próximo venidero, mandándose por ahora, pasar el Proyecto al Ejecutivo para observaciones.

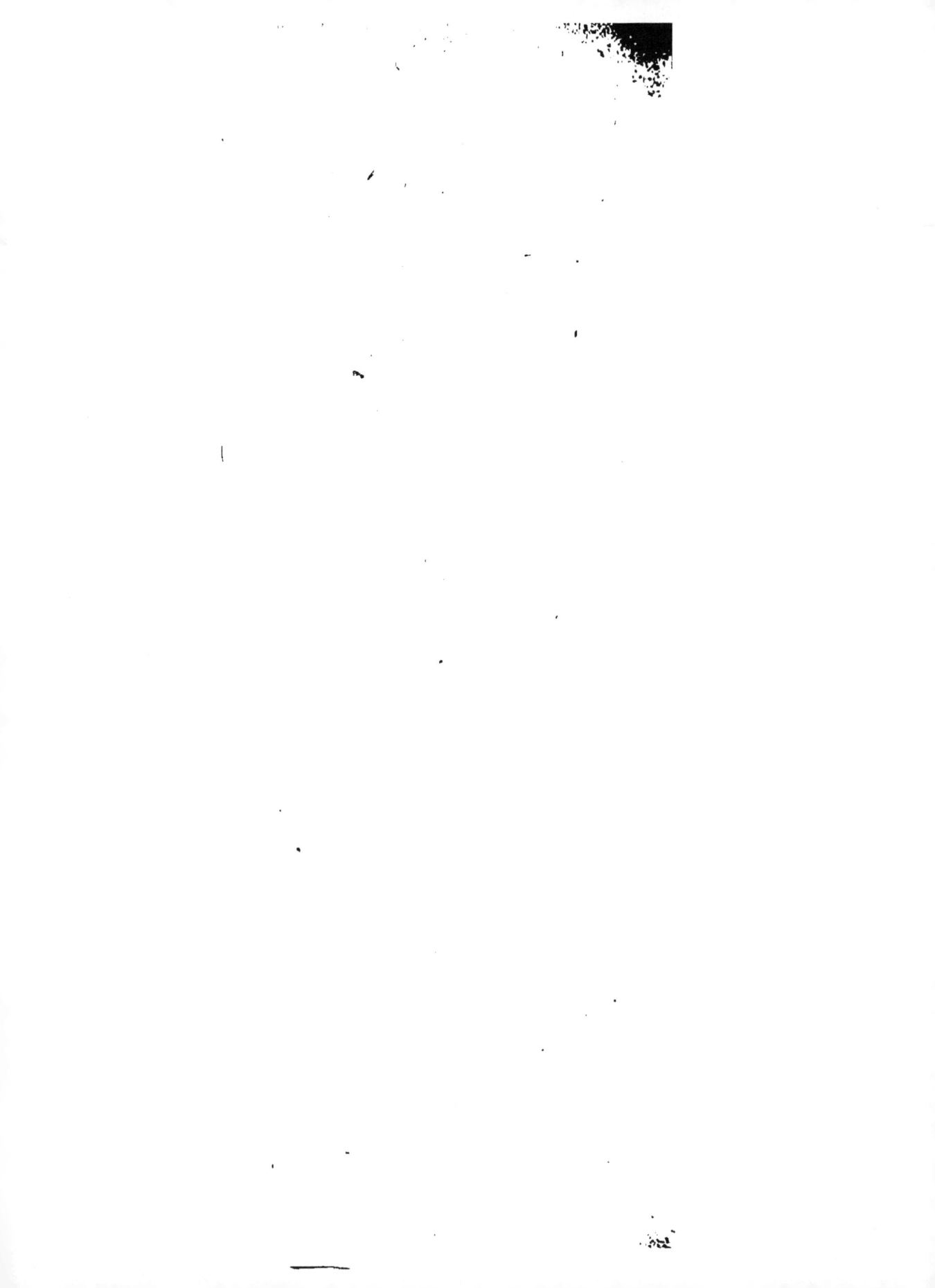

Ingram Content Group UK Ltd.
Milton Keynes UK
UKHW031808080523
421401UK00009B/702

9 781271 929436